AF509299

MÉMOIRE

DE LA

Chambre de Commerce de Saint-Nazaire

ET DE

M. FIDÈLE SIMON, Conseiller Général

CONTRE

La proposition de la Chambre de Commerce de Nantes, tendant à imposer un droit de tonnage sur tous les navires entrant en Loire, en vue de l'achèvement du canal de Nantes à la mer.

———

NANTES

IMPRIMERIE F. SALIÈRES

Rue du Calvaire, 10

—

1888

MÉMOIRE

DE LA

Chambre de Commerce de Saint-Nazaire

ET DE

M. FIDÈLE SIMON, Conseiller Général

CONTRE

*La proposition de la Chambre de Commerce de Nantes,
tendant à imposer un droit de tonnage sur tous les
navires entrant en Loire, en vue de l'achèvement du
canal de Nantes à la mer.*

—————

Exposition des faits. Au commencement de cette année, la Chambre de Commerce de Nantes voyant s'épuiser les ressources de l'emprunt contracté grâce aux libéralités du Conseil général de la Loire-Inférieure, s'est adressée à M. le Ministre des Travaux publics, afin de pouvoir contracter un nouvel emprunt destiné à terminer le canal maritime de la Basse-Loire.

M. le Ministre lui a répondu, à la date du 28 janvier, que cet emprunt s'élevant à 5,900,000 fr., obligerait la Chambre à fournir une somme de un million pour différence d'intérêts et qu'elle pourrait, pour se rembourser, percevoir un droit de 0 fr. 40 par tonneau de jauge sur tous les navires entrant au port de Nantes. C'est la solution indiquée pour tous les ports de France.

La Chambre de Commerce de Nantes répondit, à la date du 28 février, « qu'elle considérait cette proposition comme étant de « nature à faire courir à la Chambre des risques auxquels elle ne « croyait pas devoir s'exposer, » et elle a proposé une autre combinaison qui consisterait à frapper d'un droit de tonnage de 0 fr. 40 tous les navires entrant en Loire, au profit des différents ports de la Loire, et à faire contracter l'emprunt nécessaire aux travaux à exécuter par le Conseil général de la Loire-Inférieure.

Cette proposition n'était pas nouvelle ; elle avait déjà été faite en 1884, mais M. le Ministre des Travaux publics Raynal, d'accord avec M. le Directeur de la navigation Belot, avait refusé de la discuter, déclarant aux délégués de Nantes qu'il « *ne se croyait pas le* « *droit* de taxer au profit de la Loire les navires entrant à Saint-« Nazaire et qu'il ne le ferait pas sans l'assentiment de la Chambre « de Commerce de Saint-Nazaire. » (Rapport de M. le marquis de la Ferronnays au Conseil général de la Loire-Inférieure).

Lettre Ministérielle. Malgré cette décision ministérielle, M. le Ministre des travaux publics Loubet, prit cette demande en considération et écrivit, à la date du 29 mars, à M. le Préfet de la Loire-Inférieure pour l'inviter à demander l'avis du Conseil général du département (1).

D'après cette lettre, le droit de tonnage de 0 fr. 40 sur les navires entrant en Loire, servirait à exécuter des travaux divisés en trois catégories :

« 1° L'approfondissement au moyen de dragages de la barre » des Charpentiers. Ce travail évalué 1,700,000 fr., doit être consi-» déré comme une amélioration commune à l'ensemble des ports de » la Loire, puisque la barre des Charpentiers est le point de passage » commun de tous les grands navires qui remontent en Loire ;

» 2° Des travaux spéciaux au port de Saint-Nazaire, évalués » 1,300,000 fr., consistant en dérochements, dragages et aména-» gements divers ;

» 3° L'achèvement du Canal maritime qui doit ouvrir l'accès de » Nantes aux navires de 5 mètres de tirant d'eau, conformément » au projet déclaré d'utilité publique par la loi du 8 août 1879. »

Les emprunts ne peuvent être contractés. Il convient tout d'abord d'examiner si ces emprunts peuvent être contractés.

D'après la lettre ministérielle, l'avance de 5,900,000 fr. destinée à l'achèvement du Canal maritime « serait remboursée sans » intérêt, en six annuités égales, à partir de 1891, les dites avances » destinées à pourvoir, concurremment avec un crédit annuel de » 1 million, servi pendant trois ans sur les fonds du Trésor, à l'achè-« vement en trois ans du Canal maritime de la Basse-Loire. »

(1) Voir note A, la lettre de M. le Ministre des travaux publics.

Une somme de 8,900,000 fr. serait donc nécessaire pour terminer le Canal maritime.

D'après le rapport de M. l'Ingénieur en chef Lefort, au Conseil général de la Loire-Inférieure, à la session d'août 1887, il a été alloué pour le Canal maritime :

Sur les exercices 82, 83, 84, 85 et 86 ...	6,761,959 fr. 93
Sur l'exercice 87....................	2,345,000 »
Il a été alloué sur l'exercice 88........	2,000,000 »
Total.....	11,106,959 fr. 93
Somme restant à dépenser	8,900,000 »
Total.....	20,906,959 fr. 93

La dépense avec l'emprunt est de 20 millions.

La Chambre de Commerce de Nantes estime donc le coût du Canal à 20 millions, chiffre fixé par la loi du 8 août 1879. Or, le 2 avril 1885, au moment où il allait déposer sur le bureau de la Chambre des Députés le projet de loi d'emprunt des 5 millions, M. Belot, Directeur de la Navigation, écrivait à M. Fidèle Simon, alors député de Saint-Nazaire, la lettre suivante :

Paris, le 2 avril 1885.

« Monsieur le Député,

« J'ai l'honneur de vous adresser ci-après le renseignement que vous m'avez demandé mardi dernier ; les dépenses autorisées par la loi du 8 août 1879 pour la construction du Canal de la Basse-Loire s'élèvent à 20,000,000 fr. ; savoir :

» Expropriations.	1.000,000 fr.
» Terrassements et maçonneries.	17,500,000
» Portes des écluses, maisons éclusières, appareils divers	1,100,000
» Canaux d'irrigation.	400,000
Ensemble . . .	20,000,000 fr.

» Des économies seront réalisées sur les prévisions :

» 1° Par suite du rabais de l'adjudication des terrassements et des maçonneries, 18 %,

» 2° En raison des réductions apportées au programme primitif,

» 3° En fait des expropriations.

Le canal ne coûtera que 17.500.000 fr.

» J'évalue l'ensemble de ces réductions à 2,500,000 fr. en nombre rond ; la dépense totale conséquemment sera de 17,500,000. Les dépenses faites au 31 décembre 1884 étant de 4,162,000 fr., il restait à dépenser une somme de 13,338,000 fr. au 1ᵉʳ janvier 1885.

» Agréez, Monsieur le Député, l'assurance de ma haute considération. » E. BELLOT. »

Ainsi, M. le Directeur de la Navigation estimait que grâce au rabais d'adjudication, aux économies et aux réductions prescrites par lui au programme primitif, le coût du Canal serait réduit de 2,500,000 fr. L'entreprise ne coûtera donc pas 20, mais 17 millions et demi. Il est vrai que le Canal terminé, pour qu'il ait quelque utilité, il faudra exécuter au moins pour une somme de 3 millions de dragages entre la Martinière et Nantes ; mais la loi du 8 août 1879 est précise et formelle, elle n'ouvre un crédit de 20 millions que pour les seuls travaux du Canal, et ce serait la violer et, de plus, tromper le Parlement si on lui demandait d'autoriser un emprunt dont une partie serait employée à d'autres travaux que ceux qu'il a autorisés en 1879.

La Chambre de Commerce de Nantes ne doit donc pas contracter un emprunt de 5,900,000 fr., mais un emprunt de 3,400,000 fr. Dans ces conditions, si aucun emprunt n'était contracté, le Canal serait terminé en six ans au lieu de l'être en trois. Est-il bien indispensable de tant se presser quand aujourd'hui, par l'effet des dragages, les promesses faites au moment de la présentation du projet de loi sont réalisées ; « grâce au Canal, » disent en effet MM. Patissier et Cuvinot, dans leurs rapports, « les navires de 500 tonneaux pourront remonter jusqu'à Nantes. » Aujourd'hui, les navires de 500 tonneaux remontent à Nantes.

Si l'emprunt destiné à l'achèvement du Canal Maritime ne peut être contracté, il en est de même de l'emprunt destiné aux travaux du port de Saint-Nazaire, car la Chambre de Commerce de Saint-Nazaire a refusé de les exécuter dans les conditions où le Ministre voudrait les lui imposer.

Nous allons présenter un court historique de cette question :

Au mois de mai 1885, la commission du budget de la Chambre des députés arrêta, sur la proposition de M. Ribot, et d'accord avec MM. les Ministres des Travaux publics et des Finances, le chiffre total des annuités qui seraient accordées pour travaux d'amélioration des ports maritimes, aucun autre crédit pour travail neuf ne devant être consenti à l'avenir. Dans cette répartition, Saint-Nazaire était compris pour dix annuités de 130,000 fr., et Nantes pour des annuités d'un million.

Le projet d'amélioration du port de Saint-Nazaire comprenait : 1° 1,300,000 fr. de travaux divers dont la plus grande partie est payée habituellement par le fonds d'entretien des ports, et qui devaient être remboursés par l'État en dix annuités de 130,000 fr.; 2° 1,700,000 fr. de dragages sur la barre des Charpentiers, entièrement payés par la Chambre de Commerce. — Ce projet fut voté sans difficulté par la Chambre des députés, et fut l'objet d'un rapport favorable de M. Sebire, organe de la Commission spéciale du Sénat. Mais, au moment de la discussion, il fut arrêté, le 7 juin 1887, par la Commission des Finances du Sénat, dont le président, M. Tirard, s'exprima ainsi : « Le projet de loi *soulève une très grosse question. Il s'agit, non* » *pas d'introduire, mais de généraliser un système nouveau dans* » *notre organisation financière...* Je demande au Sénat de vou- » loir bien ajourner l'examen du projet de loi. » (1).

L'honorable M. Tirard, interrogé, il y a deux mois encore, sur la signification de ces paroles, a répondu que le montant des travaux autorisés pouvait être dépassé, que le projet de loi ne disait pas qui paierait l'excédant de la dépense et que la Commission des Finances du Sénat ne pouvait admettre que ce fût l'État.

La Chambre de Commerce de Saint-Nazaire, dans sa délibération du 15 juin 1887, prit à sa charge l'aléa des travaux évalués à 1,300,000 fr. Il suffisait alors d'une parole de M. le Ministre des Travaux publics à la Commission du Sénat pour que le projet fût voté. Elle ne fut pas dite, au contraire ; M. le Ministre demanda à la Chambre de Commerce de prendre à sa charge la totalité de la dépense (2).

Le Ministère se préoccupait, dès cette époque, de l'achèvement du canal de la Basse-Loire ; dès le 11 juillet, M. le Directeur de la Navigation écrivait à MM les Ingénieurs (3) pour leur demander une étude comparative des ports de Nantes et de Saint-Nazaire, en

---

(1) Voir note B le texte *in extenso* des paroles de M. Tirard.
(2) Voir note C le texte de la lettre ministérielle.
(3) Voir note D le texte de cette lettre.

vue de déterminer le taux des droits de tonnage que chaque port pourrait supporter sans risquer de perdre une partie de sa clientèle, en supposant d'ailleurs terminé le canal de la Basse-Loire.

Au commencement de novembre, il faisait de nouveau insister auprès de la Chambre de Commerce de Saint-Nazaire, par M. l'Ingénieur en chef Kerviler ; il donnait l'assurance que, en cas d'acquiescement, le projet serait voté par le Sénat dans un délai de trois semaines, une nouvelle enquête ne lui paraissant pas nécessaire, et que le port de Saint-Nazaire n'aurait pas à souffrir de l'élévation de la taxe à 0 fr. 40ᶜ, attendu qu'une taxe égale allait être imposée au port de Nantes (1).

Il ne voulut faire aucune concession quand, quelques jours après, il reçut la visite des Délégués de la Chambre de Commerce de Saint-Nazaire, qui s'étaient rendus à Paris pour faire une démarche auprès de M. le Ministre des Travaux publics.

La Chambre de Sᵗ-Nazaire refuse de donner les 1.300.000 fr. La Chambre de Commerce de Saint-Nazaire a toujours refusé de prendre à sa charge la totalité des dépenses du projet, parce que cette demande était en contradiction avec les paroles prononcées par M. Tirard à la tribune du Sénat ;

parce que les engagements contractés en 1885, par MM. les Ministres des Travaux publics et des Finances et par la Commission du budget avaient été tenus pour tous les autres ports ;

parce que, à aucune époque, des travaux importants n'ont été exécutés dans un port sans une subvention de l'État, et que la plupart des travaux projetés étaient compris d'habitude au chapitre d'entretien des ports, dans le budget ordinaire ;

parce qu'au moment où M. le Ministre des Travaux publics refusait toute subvention à Saint-Nazaire, il déposait à la Chambre des députés un projet de loi pour l'amélioration du port du Havre et de la Basse-Seine, dans lequel les trois quarts du montant des travaux, 54,888,150 fr. sur 73,184,200 fr. pour le Havre, et 17,224,350 fr. sur 22,765,800 fr. pour Rouen, étaient donnés comme subvention de l'État ;

parce que quelques mois après, en plus de l'annuité d'un million donnée chaque année pour les travaux du canal de la Basse-Loire, un second million était accordé sur l'exercice 1888 ;

---

(1) Voir note E la délibération du 7 novembre 1887 de la Chambre de Commerce.

parce qu'un droit de 0 fr. 30 par tonneau de jauge est le maximum de la taxe que peut supporter le commerce de Saint-Nazaire, formé, pour les deux tiers, de charbons, et que les steamers charbonniers, avec une taxe plus considérable, déserteraient Saint-Nazaire pour se rendre aux Sables-d'Olonne et à la Rochelle, ports desservis par les chemins de fer de l'État, dont les tarifs sont d'un tiers plus réduits que ceux des compagnies d'Orléans ou de l'Ouest ;

parce que le tonnage du port de Saint-Nazaire était en diminution depuis deux ans par suite de l'extinction successive des hauts-fourneaux des forges de Saint-Nazaire et de la réduction de 80,000 tonnes des charbons pris à Saint-Nazaire par la compagnie d'Orléans.

parce qu'enfin la ressource du droit de tonnage doit être ménagée en vue des éventualités de l'avenir ; les dragages des Charpentiers ne peuvent avoir d'utilité réelle qu'autant qu'ils seraient complétés par la construction d'un bassin plus profond dans l'anse de Ville-ès-Martin, ou par l'approfondissement du premier bassin avec entrée spéciale, car le seuil de la barre des Charpentiers est au niveau du busc de l'écluse actuelle, et, si le seuil de la barre est abaissé d'un mètre, il faut, pour utiliser cet abaissement, un nouveau bassin et une nouvelle écluse plus profonds d'un mètre que ceux qui existent.

Etude de projets plus modestes. La Chambre de Commerce de Saint-Nazaire, découragée par le mauvais vouloir et la partialité du ministère à son égard, renonça, dans sa séance du 1ᵉʳ février 1888, aux dragages des Charpentiers, pour étudier des projets plus modestes en vue de l'amélioration du port, tels que l'allongement du sas de la petite écluse, afin de permettre aux grands charbonniers l'entrée et la sortie du port à toute heure de jour et de nuit.

Ainsi la Chambre de Commerce de Saint-Nazaire a renoncé, le 1ᵉʳ février dernier, à exécuter les 3,000,000 de travaux, dans les conditions où M. le Ministre des Travaux publics voulait les lui imposer, contrairement aux engagements formels de ses prédécesseurs.

Est-il admissible que des travaux soient exécutés dans un port malgré sa Chambre de Commerce, et que ce port soit imposé d'office pour les payer intégralement ? En existe-t-il un seul exemple ?

Ainsi, ni l'emprunt de 5,900,000 fr., ni l'emprunt de 3,000,000 ne peuvent être admis comme le prescrit la lettre ministérielle.

Examinons maintenant les motifs sur lesquels la Chambre de

Commerce de Nantes se fonde pour justifier sa prétention d'imposer à son profit le port de Saint-Nazaire :

Engagement du Conseil général de contracter un emprunt en faveur de Nantes. Interprétation de cet engagement.

Elle rappelle qu'au moment où le Conseil général de la Loire-Inférieure contracta un emprunt de 10,000,000 destiné à terminer le bassin à flot de Penhouët, moyennant un droit de tonnage de 0 fr. 35 perçu au nom du département, ce dernier offrit de contracter un emprunt de 6,000,000 pour les travaux d'amélioration de la Basse-Loire, dans les mêmes conditions qu'il l'avait fait pour le bassin de Saint-Nazaire.

Il est essentiel de préciser la nature de cet engagement :

En 1872, le Conseil municipal de Saint-Nazaire devant une activité commerciale inespérée après nos désastres, voyait son premier bassin devenir trop petit pour contenir les navires qui y affluaient, et recherchait les moyens de terminer le deuxième bassin à moitié exécuté. Il fallait contracter un emprunt, mais la Chambre de Commerce de Nantes, qui prenait ombrage de l'importance si rapidement croissante de Saint-Nazaire, refusait de le faire ; Saint-Nazaire ne comptait encore que 8 à 10,000 âmes. Le Conseil général venait de l'obliger à tenir un engagement un peu témérairement pris, pour obtenir le transfert de la sous-préfecture de Savenay, de fournir une somme de 400,000 fr. pour construire les édifices départementaux ; l'argent était cher ; M. Thiers venait d'émettre l'emprunt pour la libération du territoire.

M. le préfet Leguay suggéra l'idée d'émettre l'emprunt au nom du département, qui obtiendrait par son crédit plus large des conditions moins onéreuses ; le Conseil municipal de Saint-Nazaire engageait toutes ses ressources dans le cas où le droit de tonnage n'aurait pas suffi à couvrir les annuités de remboursement de l'emprunt ; un droit de 0 fr. 35 par tonneau de jauge fut établi par la loi du 5 janvier 1875 sur les navires entrant chargés ou venant prendre charge dans le port de Saint-Nazaire, et la douane ayant voulu percevoir le droit sur les navires allégeant en rade, les représentants de Nantes réclamèrent, et le droit fut payé par les seuls navires entrant dans le bassin à flot.

En quoi consistait l'engagement pris par le Conseil général de faire un emprunt de 6,000,000 pour l'amélioration de la Basse-Loire dans les mêmes conditions que l'emprunt pour le bassin de Penhouët ? Une seule interprétation est évidemment possible : le Conseil général offrait son nom et son crédit pour contracter l'emprunt de 6,000,000 en faveur de la Basse-Loire, et se remboursait de ses avances par un droit de tonnage sur les navires entrant au port de Nantes.

La Chambre de Commerce de Nantes indique cependant une autre interprétation: d'après elle, ce sont les seuls navires entrant dans le port de Saint-Nazaire qui devraient être frappés d'un droit de tonnage en faveur du port de Nantes; ainsi les navires entrant au port de Nantes seraient exonérés et les navires seuls entrant au port de Saint-Nazaire seraient frappés au profit du port de Nantes!

Peut-on émettre une semblable prétention et admettre que les conseillers généraux qui, à l'unanimité, représentants de St-Nazaire comme représentants de Nantes, ont voté l'engagement en faveur de Nantes, aient pu avoir l'idée d'une aussi flagrante injustice? Aussi la Chambre de Commerce de Nantes, avec une extrême habileté, glisse légèrement sur cette affirmation et se hâte de transformer, d'élargir, suivant son expression, sa proposition et de demander qu'il soit institué un droit de tonnage sur tous les navires entrant en Loire. Mais alors, c'est une proposition nouvelle en faveur de laquelle aucun engagement du Conseil général ne peut être invoqué.

Une seule interprétation de l'engagement du Conseil général est donc possible: de même que l'emprunt contracté au profit de Saint-Nazaire a été amorti au moyen d'une taxe de tonnage établie sur les seuls navires entrant dans les bassins de Saint-Nazaire, l'emprunt à contracter au profit de Nantes doit être amorti au moyen d'une taxe de tonnage établie sur les seuls navires entrant dans le port de Nantes.

Prétentions de la Chambre de Commerce de Nantes. La Chambre de Commerce de Nantes, pour appuyer ses prétentions, affirme que ses négociants seuls font des affaires à Saint-Nazaire, où il n'existerait, suivant elle, aucune maison de commerce, et que ce sont des marchandises à elles destinées qui paieront le futur droit de tonnage, comme elles ont payé le droit de tonnage de 0 fr. 35 pour l'achèvement du bassin de Penhouët.

Il est incontestable que cet état de choses a existé à l'origine; lorsque, en 1857, le premier bassin fut inauguré, la future ville ne comptait encore que 900 habitants; mais aujourd'hui Saint-Nazaire compte plus de 26,000 âmes, et il est bien difficile d'admettre que parmi ces 25,000 habitants qui sont venus se grouper autour du port naissant pour en tirer profit, il n'existe aucuns négociants.

Importance rapidement croissante du commerce de Saint-Nazaire.

Saint-Nazaire possède les chantiers de construction de la Loire et de la Compagnie transatlantique qui sont des plus vastes et des mieux outillés en France et à l'étranger ; trois usines à briquettes qui importent des quantités très considérables de charbons ; une fonderie de fer ; les forges et aciéries de Saint-Nazaire, dont la construction a coûté près de 20 millions ; trois entrepôts et magasins généraux plus vastes et remplis de plus de marchandises que ceux de Nantes, sans compter les magasins des Compagnies de navigation. En présence de l'hostilité jalouse de Nantes, le Gouvernement n'a pas hésité à décider l'autonomie de Saint-Nazaire en la dotant d'une Chambre de Commerce, et maintenant elle a le droit de s'administrer elle-même et d'exiger que les taxes de tonnage perçues sur les navires entrant dans ses bassins soient exclusivement consacrées, conformément à la jurisprudence invariable de la loi de 1866, à l'amélioration de son port.

Vote du Conseil Général à la session d'avril.

Ces considérations n'ont pas touché le Conseil général de la Loire-Inférieure ; il avait été saisi, en cours de session, de cette proposition, sans rapport du Préfet, sans document à l'appui, sans avoir même eu communication de la protestation que la Chambre de Commerce de Saint-Nazaire, informée seulement trois jours auparavant des prétentions nantaises, avait adressée immédiatement à M. le Préfet. Il lui était bien difficile dans de telles circonstances, à la veille des élections municipales qui se préparaient à Nantes, de ne pas se laisser guider par des considérations étrangères à une question qui semblait plutôt de la compétence du Conseil d'Etat, dont une des attributions est de déterminer la jurisprudence de nos lois administratives. Aussi il n'hésita pas à accepter la proposition de la Chambre de Commerce de Nantes et à offrir de contracter en son nom un emprunt de 9 millions.

Nouvelle lettre de M. le Ministre des Travaux publics.

M. le Ministre des Travaux publics n'a pas accepté cette offre, et dans une nouvelle lettre à M. le Préfet de en Loire-Inférieure, la date du 19 mai (1), il a prescrit une enquête pour déterminer la part du commerce de Nantes dans le tonnage du port de Saint-Nazaire.

La Chambre de Commerce de Saint-Nazaire proteste et contre cette enquête et contre la façon dont elle est prescrite.

Dans sa lettre du 19 mai, M. le Ministre des travaux publics

---

(1) Voir note F la lettre de M. le Ministre des Travaux publics.

Le droit de tonnage doit être la rémunération d'un service rendu.

reconnaît que « le Gouvernement s'est jusqu'à ce jour strictement « renfermé dans les prescriptions de la loi du 19 mai 1866, qui constitue la base de la législation sur la matière. » Nous ne demandons qu'une chose : c'est que les prescriptions de cette loi soient respectées en ce qui nous concerne, comme elles l'ont été par tous les ministres précédents, pour les autres ports. Or, il est un principe qui domine cette loi et que le gouvernement n'a jamais méconnu, c'est que le droit de tonnage ne doit être pour le navire taxé qu'une rémunération d'un service rendu.

Application de ce principe dans le projet de loi sur l'amélioration du Havre et de la basse Seine.

Ce principe est appliqué d'une façon bien saisissante dans le dernier projet de loi présenté par le Gouvernement, le 9 novembre dernier, et qui a pour objet l'amélioration du port du Havre et de la Basse-Seine. Ce projet autorise la perception de trois taxes de tonnage correspondant à trois catégories de services distincts : une taxe de 0 fr. 40 à 0 fr. 75 sur les navires entrant dans le port du Havre, taxe correspondant aux améliorations du port effectuées au moyen de cette taxe ; un droit de 0 fr. 40 sur les navires entrant en rivière au-delà du méridien de Fatouville, c'est-à-dire à cinq ou six kilomètres en amont de Honfleur et du commencement des digues, pour le service rendu par l'approfondissement du fleuve ; enfin, une taxe de 0 fr. 35 sur les navires entrant dans le port de Rouen pour le service rendu par les améliorations de ce port. Le port de Honfleur qui ne profite pas de l'approfondissement du fleuve n'est soumis à aucune taxe.

L'exposé des motifs du projet de loi insiste sur cette spécialisation des taxes. « Le gouvernement, d'accord avec la Chambre de Com- » merce de Rouen, propose de remplacer le droit de tonnage actuel » par deux droits : l'un, le droit de rivière, qui serait perçu à » l'entrée du fleuve, quel que soit le port fluvial de destination du » navire ; l'autre qui serait perçu en sus du premier sur les navires » faisant des opérations dans les limites du port de Rouen. Ces » deux droits ainsi destinés à tenir compte *de deux catégories de* » *services distincts* seraient respectivement de 0 fr. 40 et 0 fr. 35 » par tonneau de jauge, *chiffres exactement proportionnels aux* » *sommes respectivement affectées par la Chambre de Commerce* » *de Rouen aux deux catégories de travaux.* »

L'analogie est frappante entre la Basse-Loire et la Basse-Seine, entre Nantes et Rouen, Paimbœuf et Honfleur, Saint-Nazaire et le Havre. Pourquoi le Gouvernement applique-t-il le principe de la loi de 1866, comme il a été appliqué dans tous les autres ports, au Havre et à Rouen, et pourquoi le méconnaît-il à Saint-Nazaire et à Nantes ?

Application de ce principe en 1875 par le Conseil Général de la Loire-Inférieure.

Ce principe si conforme à la logique et au bon sens a été invoqué en 1875 par les représentants de la ville de Nantes au Conseil général de la Loire-Inférieure. A cette époque, la douane chargée de percevoir le droit de tonnage de 0 fr. 35 sur les navires entrant dans le port de Saint-Nazaire, pour l'achèvement du second bassin, voulut taxer les navires déchargeant en rade. Le rapporteur, M. Lauriol, armateur de Nantes, s'y opposait en disant : « Jamais il n'a été question de faire contribuer au droit de tonnage » les navires qui n'entreraient pas dans le bassin, ce *droit de ton-* » *nage n'étant considéré que comme rémunération d'un service* » *rendu,* compensé par diverses économies et avantages que » recueillaient les navires qui venaient s'y abriter. » M. Normand, encore maire de Nantes il y a quelques semaines, ajoutait : « La loi « est formelle, elle ne frappe que les navires entrant chargés de » Saint-Nazaire. Cela se conçoit, car on *ne peut demander à per-* » *cevoir un droit pour un service qu'on ne rend pas* ; or, tous les » navires qui restent en rade ne se servent pas du bassin à flot de » Saint-Nazaire. »

Nous demandons que M. le Ministre des travaux publics applique aujourd'hui aux Nantais le principe qu'ils invoquaient en 1875 : les navires passant par le chenal conduisant à Nantes devront payer un droit pour l'amélioration de ce chenal et les navires entrant dans les bassins de Saint-Nazaire devront payer un droit destiné à l'amélioration de ce port.

Application du même principe dans les ports étrangers.

Ce principe n'est pas appliqué qu'en France ; il est respecté partout à l'étranger : en Angleterre, en Hollande, en Allemagne.

En Angleterre, les ports sont administrés par un certain nombre de corporations ou compagnies qui ont obtenu par un « act » du Parlement l'autorisation d'exécuter des travaux, et de se rembourser de leurs avances au moyen d'un droit de tonnage.

Le navire qui remonte à Londres paie d'abord un droit de rivière à la corporation de la « Thames Conservancy, » chargée de veiller à la conservation de la Tamise, et dont le pouvoir s'étend depuis Crickdall (comté de Wilts) jusqu'à Yantlet-Creek (comté de Kent) ; ce droit varie de 3 à 10 c. par tonneau de jauge, suivant la provenance et la destination du navire ; puis, si le navire veut entrer dans les docks, qui appartiennent à trois puissantes Compaguies, il paie en plus un droit qui s'élève en moyenne à 1 fr. 65 par tonneau de jauge. Le droit de rivière est consacré à l'entretien du fleuve, et le droit de dock à l'amortissement et à l'entretien de ces docks.

Les différents aménagements du port de Liverpool sont maintenant administrés par un puissant syndicat, le « Mersey docks and Harbour board », qui a conservé des droits spéciaux pour chaque catégorie de services rendus : un droit d'ancrage de 0 fr. 02 par tonneau de jauge; un droit de rivière de 0 fr. 04 à 0 fr. 21, si le navire fait des opérations en rivière; un droit d'accostage de 0 fr. 30 à 0 fr. 48 s'il fait ses opérations le long d'un quai ; enfin un droit de 1 fr. 70 par tonneau de jauge et 1 fr. 82, par tonne de marchandise, s'il entre dans les docks.

A Glasgow, l'administration de la Clyde (Clyde trust) perçoit des droits dans la rivière qu'elle a approfondie et dans ceux des docks qui lui appartiennent. Les droits de rivière sont de 0 fr. 80 par tonne de jauge et 2 fr. 20 par tonne de marchandise, et les droits de docks de 1 fr. 25 par tonneau de jauge.

A Newcastle, les commissaires de l'amélioration de la Tyne (Tyne improvement Commissionners) perçoivent toute une série de droits représentant autant de services rendus : un droit de mouillage de 0 fr. 05 par tonneau de jauge; des droits de jetée (piers rates) de 0 fr. 30; un droit de rivière, de 0 fr. 62 par tonneau de jauge, et 0 fr. 13 par tonneau de marchandise ; enfin un droit de dock pour les navires qui y entrent, de 0 fr. 42 par tonneau de jauge, et 0 fr. 27 par tonneau de marchandise.

Nous ne parlerons pas d'Anvers, dont les droits sont fixés par la Convention internationale de 1863 pour le rachat du péage de l'Escaut.

A Amsterdam, le canal de New Holland vient d'être creusé ; il aboutit au port d'Ymuiden dans la mer du Nord et donne accès aux navires du plus grand tonnage. Un droit de 0 fr. 17 est perçu sur les navires entrant dans le port d'Ymuiden ; un droit de 0 fr. 76 sur les navires passant par le canal, et un droit de 0 fr. 39 sur les navires profitant des quais et bassins du port.

En Allemagne, les villes s'imposent des sacrifices pour rendre franc de péage l'accès de leurs ports : à Bremerhafen, il n'est perçu qu'un droit de 0 fr. 21 pour entrée dans les docks, et des menus droits de halage dans les docks.

A Hambourg, l'État de Hambourg paye à l'Empire allemand une contribution de plus de trois millions pour rendre son port franc, et les navires seuls qui entrent dans les docks paient un droit de 0 fr. 36 par tonne de jauge et 0 fr. 71 par tonne de marchandise.

Ainsi partout, dans tous les ports, dans tous les pays, la taxe de tonnage correspond à un service rendu, et souvent dans un même port, un navire doit acquitter un grand nombre de taxes correspondant chacune à un service rendu.

La loi de 1866 ne vise que le navire et non la marchandise.

Mais si dans quelques ports étrangers la taxe frappe à la fois la jauge et la marchandise, en France, ainsi que le dit la lettre ministérielle, « la taxe doit être « établie sur la jauge du navire et non sur la marchandise..., doit « frapper l'instrument de transport « à l'exclusion de la marchandise. » Nous avons donc lieu d'être surpris, quand la loi de 1866, que M. le Ministre des Travaux publics déclare vouloir respecter, ne concerne que le navire et ne s'occupe en aucune façon de la marchandise, qu'une enquête soit prescrite sur la provenance ou la destination de cette marchandise. Jamais semblable enquête n'a été ordonnée.

La Chambre de Commerce de Saint-Nazaire a cependant procédé à cette enquête, bien que tous les exemples que nous avons cités en prouvent l'inutilité.

Enquête sur le tonnage de Saint-Nazaire en destination de ses industriels et de ses négociants.

Pour cela, elle s'est adressée aux principaux industriels et négociants de Saint-Nazaire et leur a demandé le tonnage des marchandises qu'ils avaient reçues dans l'année 1887 (1).

Voici le tableau statistique établi d'après leurs réponses. Dans ce tableau, ne figurent pas 13,500 tonnes de houille expédiées par l'usine Godard, et 13,000 tonnes de houille expédiées par l'usine à briquettes de l'Ouest, à Nantes :

---

(1) Voir note G le texte des réponses des négociants de Saint-Nazaire.

PORT DE SAINT-NAZAIRE

Importations totales en 1887, 793,956 Tonnes.

COMMERCE DE SAINT-NAZAIRE

Compagnie Générale Transatlantique.........	123.000 ton.
Forges de Saint-Nazaire (houilles et minerais)..	69.877
Usine à briquettes Ch. Godard (houilles).......	76.175
H. Duval (houilles)...........................	23.343
Mercier (glace de Norwège)............... ...	600
Le Bozec (houilles)...........................	8.899
Briquettes de l'Ouest (houilles)..........	73.000
Fourchon (bois).............................	15.794
Gasnier (bois).............................	5.100
Ollivaud (bois).............................	3.000
Poncin (houilles, minerais, plombs)...........	71.794
Usine à briquettes Brichaux (houilles et divers).	55.000
Entrepôts et Magasins Généraux de Paris (blés et divers).................................	22.000
Entrepôt réel de Saint-Nazaire (blés et divers)..	4.779
M. Lorions (blés, houilles et divers)...........	32.038
Société Navale de l'Ouest (divers).............	5.500
Cie Havraise péninsulaire (divers).............	5.192
Chantiers de la Loire (bois).................	1.400
	596.401 ton.
A déduire : Importations des houilles des forges de Saint-Nazaire portées en double emploi sur la note de M. Poncin..................	56.496
Ensemble des importations applicables à Saint-Nazaire..........	539.905 ton.

Ainsi, sur 793,956 tonnes importées, 539,905 au moins sont en destination d'usines de Saint-Nazaire ou de négociants fixés à Saint-Nazaire. A ce tonnage, il conviendrait d'ajouter 6 à 7,000 tonnes de houille vendues par la Compagnie de Blanzy à la consommation locale de Saint-Nazaire, et les quantités expédiées directement par

cette Compagnie aux villes de l'intérieur, Nantes excepté. Il reste
254,000 tonnes qui comprennent environ 35,000 tonnes de bois,
50,000 tonnes de sucres, riz, café, graines oléagineuses, etc., et les
houilles de la Compagnie des mines de Blanzy, dont une partie
doit être comptée à l'actif de Saint-Nazaire.

En présence de pareils chiffres, peut-on affirmer qu'il n'existe
à Saint-Nazaire ni usines, ni maisons de commerce? Et la prétention de la Chambre de Commerce de Nantes de s'immiscer dans
l'administration du port de Saint-Nazaire et de s'emparer de ses
ressources n'est-elle pas étrange ?

**Interprétations diver-
ses du questionnaire
ministériel. Conclu-
sions contradictoi-
des Ingénieurs.**

En faisant ainsi cette statistique, nous croyons avoir suivi la
seule méthode pouvant donner un résultat pratique. Il ne nous a
pas paru possible de suivre le questionnaire de la lettre ministérielle. D'après les renseignements qui nous ont été fournis, il a été
rédigé à Paris, alors qu'on ignorait l'existence du Règlement de
douane du 6 décembre 1842, spécial à la Basse-Loire ; et ce Règlement rend encore plus confuses les statistiques des Douanes qui déjà
se prêtent peu à fournir les renseignements demandés, car ces statistiques sont surtout faites en vue de la perception des droits et ne
s'occupent plus de suivre la marchandise aussitôt ce droit perçu.

MM. les Ingénieurs de Nantes et de Saint-Nazaire ont dû renoncer à se mettre d'accord sur l'interprétation à donner à ce questionnaire, et sont arrivés aux conclusions les plus différentes. Une discussion sur ce document ne pourrait être que confuse, puisque chacun lui
donne une interprétation différente. Nous ne relèverons même pas les
erreurs de M. l'Ingénieur Cosmi, qui compte plusieurs fois les
mêmes marchandises et évalue les tonnages de marchandises de la
façon la plus arbitraire, quand les statistiques des Douanes ne
peuvent lui fournir le renseignement dont il a besoin.

Nous ne nous plaindrons pas des procédés de MM. les Ingénieurs de Nantes qui font un second rapport pour réfuter celui de
MM. les Ingénieurs de Saint-Nazaire, et le remettent à M. le Préfet de la Loire-Inférieure, sans l'avoir préalablement communiqué
à leurs collègues de Saint-Nazaire. Il en résulte que le Conseil
général de la Loire-Inférieure, saisi de la question, ne peut se prononcer sur une enquête contradictoire.

Nous nous bornerons à faire quelques observations sur les statistiques de la Douane.

Le Règlement de Douane du 6 décembre 1842, confirmé en 1858, un an après l'ouverture du premier bassin, et qui aujourd'hui n'a plus sa raison d'être (1), permet à un navire entré dans les bassins de Saint-Nazaire, et y déchargeant sa cargaison, de faire sa déclaration en Douane de Nantes. Il en résulte pour la statistique que les marchandises de cette catégorie figurent au commerce général de Nantes, au lieu de figurer au commerce général de Saint-Nazaire.

Le commerce général comprend toutes les marchandises venant de l'Etranger et des Colonies ; le commerce spécial comprend seulement les marchandises qui ont acquitté les droits et sont mises en consommation (2).

Voici d'après le tableau du commerce général de la France, la statistique, en 1886, des principaux ports :

Statistiques des principaux ports.

	Marchandises en Qˣ Métriques.		Valeurs.		Droits perçus.
	Commerce général.	Commerce spécial.	Commerce général.	Commerce spécial.	
Marseille.....	34.060.932	24.930.016	1.960.4	1.349.2	44.508.702
Le Havre....	17.997.219	11.798.186	1.787.6	1.187.7	43.707.416
Rouen.......	10.001.922	9.560.186	197.3	193.8	19.175.362
Paris........	4.559.655	4.746.691	926.5	939.1	65.579.942
Saint-Nazaire.	8.028.135	7.092.675	164.1	117.1	1.754.965
Nantes.......	1.776.426	1.564.181	53.6	47.5	15.293 832
Lille........	621.712	626.526	63.6	65.2	6.437.447

D'après ce tableau, le commerce général de Saint-Nazaire dépasse de 935,560 quintaux le commerce spécial, c'est-à-dire que 93,556 tonnes ont été réexpédiées avant d'avoir acquitté les droits ; de même, pour Nantes, 21,523 tonnes ont été réexpédiées avant l'acquittement des droits. Marseille a 900,000 tonnes, et Le Havre 600,000 tonnes de marchandises réexpédiées avant l'acquittement des droits ; ce qui prouve que les grands ports sont surtout des ports de transit. La proportion des marchandises réexpédiées ainsi est beaucoup plus considérable à Marseille et au Havre qu'à Saint-Nazaire. On peut remarquer aussi que certaines villes industrielles figurent avec un tonnage assez élevé, comme Paris et Lille ; c'est

---

(1) Voir note II le préambule du Règlement de 1842.

(2) Voir note I la définition du commerce général et du commerce spécial.

que les marchandises qui leur sont attribuées ont été expédiées des ports voisins en transit avant l'acquittement des droits.

Le chiffre des droits perçus ne prouve pas l'importance du port.

Le chiffre des droits perçus n'est nullement l'indice d'un tonnage important. Ainsi, par exemple, Paris qui verse plus de 65,000,000 de droits est de beaucoup en tête des autres ports, bien que son tonnage ne soit que la 1/2 de celui de Saint-Nazaire. La Chambre de Commerce et MM. les Ingénieurs de Nantes prétendent cependant que les 15,293,832 fr. de droits payés à Nantes en 1886 prouvent l'importance du port. Si l'on décompose le total de ces droits, on arrive au résultat suivant :

26.534 t.	sucre en poudre, ont payé.		9.729.615 f.
1.095	café	»	3.118.934
856	sucre (vergeoises)	»	403.902
335	poivre	»	698.767
166	cacao	»	176.158

Total . . . . . 29.881 t.   Total . . . . . . 14.127.376 f.

96.441 t. . . . . ont payé. 1.166.456

Total égal. 126.322 t.   Total égal. 15.293.832 f.

Ainsi, 29,881 tonnes de marchandises acquittent 14,127,376 fr. de droits ; 30,000 tonnes ne constituent pas un bien gros tonnage, tandis qu'à Saint-Nazaire 709,257 tonnes de marchandises ne payent que 1,754,965 fr. de droits. Cela prouve simplement qu'il existe un impôt très élevé sur les sucres, les cafés et les poivres et que cet impôt est perçu à la douane.

La Chambre de Commerce et MM. les Ingénieurs de Nantes font aussi ressortir l'important tonnage des navires attachés au port de Nantes, comparativement au tonnage des navires attachés au port de Saint-Nazaire.

Le tonnage des navires en bois attachés au port de Nantes s'élevait :

Le tonnage des navires attachés au port de Nantes diminue rapidement chaque année.

Au 31 décembre 1875 à	127.796 tonnes.
Au 31 décembre 1885 à	59.937
Au 31 décembre 1886 à	52.959
Au 31 décembre 1887 à	45.623

Le tonnage diminue rapidement et régulièrement chaque année ; ces navires sont les mêmes que M. le Ministre de la marine qualifiait en 1876, de « vieux sabots, » quand leurs armateurs lui demandaient de les faire profiter de la loi sur la marine marchande ; leurs armateurs, à deux ou trois exceptions près, les usent parce qu'ils ne trouvent pas à les vendre, et ne les remplacent jamais.

Les navires à vapeur attachés au port de Nantes, d'un tonnage de 15,027 tonnes au 31 décembre 1886 et de 12,940 tonnes au 31 décembre 1887, se composent de bateaux à voyageurs, de remorqueurs, de deux services à vapeur sur Bordeaux et de bateaux de 800 et 2,000 tonneaux qui ne pourront jamais remonter à Nantes.

Le tonnage des navires attachés au port de Saint-Nazaire se composait de 4,971 tonnes de navires à voiles et 22,065 tonnes de navires à vapeur, au 31 décembre 1886, ensemble 27,036 tonnes, et de 27,932 tonnes au 31 décembre 1887. Ces navires naviguent tous effectivement pour leur port d'attache.

Mais à Nantes comme à Saint-Nazaire, c'est le pavillon étranger qui domine, et le nombre des navires étrangers est beaucoup plus considérable proportionnellement aux navires français à Nantes qu'à Saint-Nazaire : Ainsi les navires entrés en 1886 donnent, à Nantes, 22,138 tonnes de français contre 40,180 tonnes d'étrangers, et, à Saint-Nazaire, 229,824 tonnes de français contre 298,270 tonnes d'étrangers.

Les entrepôts de St-Nazaire reçoivent plus de marchandises que ceux de Nantes.

La Chambre de Commerce et MM. les Ingénieurs de Nantes citent, pour prouver l'importance commerciale de Nantes, la grande valeur des marchandises en entrepôt ; mais ils ne parlent pas de la quantité. Voici la statistique officielle des entrepôts de Saint-Nazaire et de Nantes, en 1886 :

		Au 31 déc. 1885	Entrées	Total	Retirées	Au 31 déc. 1886
NANTES	Poids...	12.399.300	43.368.800	55.768 100	43.708.000	12.080.100
	Valeur..	6.709.000	18 180 200	24.889.800	18.642.900	6.246.900
St-NAZAIRE	Poids...	23.584.200	68.956 100	92 540.300	64.034.000	28 506.300
	Valeur..	908.700	4.816.700	5.725.400	3.662.700	2.062.700

Ainsi si, à Nantes, la valeur des marchandises est plus grande, à Saint-Nazaire, le tonnage des marchandises entreposées est bien plus considérable : 92,000 tonnes à Saint-Nazaire contre 55,000 tonnes à Nantes. Mais à aucune époque, comme l'affirme la Chambre de commerce de Nantes, il n'a pu se trouver dans les magasins et entrepôts de Nantes des marchandises représentant une valeur de 50 millions.

Les blés étrangers ne sont jamais en destination de Nantes.

La Chambre de Commerce de Nantes affirme, et donne un tableau statistique à l'appui, que sur 93,985 tonnes de blé importées à Saint-Nazaire, en 1886 et 1887, 63,655 tonnes doivent être attribuées au port de Nantes. Le tableau qui nous a été fourni par la Douane de Saint-Nazaire diffère sensiblement, surtout en ce qui concerne les noms des consignataires, de celui publié par la Chambre de Nantes (1). Il n'existe pas à Nantes un seul négociant importateur de blé étranger. MM. Richard-Alaberte sont les simples commissionnaires de MM. Thalmann frères et Compagnie, 77, rue Richelieu, à Paris ; M. Boissière est le commissionnaire de MM. Marcillac et Compagnie, de Bordeaux, et l'on se demande pourquoi MM. Perrault et Compagnie, dont les moulins sont à Issé, près Châteaubriant, peuvent être comptés comme appartenant à Nantes. Depuis que le moulin à vapeur Thébaud a brûlé, il n'existe plus de moulins à Nantes. Tous les blés étrangers sont emmagasinés à Saint-Nazaire et expédiés directement de Saint-Nazaire aux usines ; pas un sac ne s'arrête à Nantes. Il est vrai que M. l'Ingénieur en chef Lefort dit dans son rapport que MM. Perrault et Compagnie ont l'intention de faire remonter leurs navires à Nantes aussitôt après l'ouverture du Canal, mais M. l'Ingénieur en chef a oublié de renseigner MM. Perrault et Compagnie sur l'état de navigation du Canal ; sauf trois navires de 400 tonneaux, sur quarante navires arrivés en 1886 et 1887, à Saint-Nazaire, tous les autres ont un tonnage de 2,000 à 3,600 tonneaux.

Si le gabarage fait partie du tonnage maritime de Nantes, il doit en être de même à Paris.

La Chambre de Commerce et MM. les Ingénieurs de Nantes ont la prétention de faire considérer comme tonnage maritime du port de Nantes le tonnage des gabares, par ce motif que, si l'état de la Loire le permettait, les navires eux-mêmes remonteraient à Nantes ; ils ont même obtenu, grâce à l'appui de M. le Préfet de la Loire-Inférieure, l'insertion d'une note dans ce sens dans le *Bulletin du Ministère des Travaux publics* (février 1888). Mais comme il ne peut exister de privilèges en France, nous pensons que la statistique de Rouen et de Paris sera modifiée par les mêmes motifs ; il existe, en effet, un mouvement de gabarage d'environ 650,000

---

(1) Voir note K le tableau de la Douane de Saint-Nazaire.

tonnes du Havre à Rouen, et un mouvement de 1,200,000 tonnes de Rouen à Paris. La statistique du port de Paris doit donc bénéficier de 1,200,000 tonnes, et les mêmes conséquences financières devraient en être tirées. La Chambre des députés vient d'être saisie d'un projet de canal maritime de Paris à la mer. Le port du Havre devrait contribuer à la construction de ce canal, au même titre que Saint-Nazaire devrait contribuer à la construction du canal de la Basse-Loire.

Si l'on faisait au Havre et à Rouen, qui sont les véritables avant-ports de Paris, les mêmes défalcations de tonnage qu'à Saint-Nazaire, leur tonnage serait réduit dans une bien plus grande proportion, puisque toutes leurs maisons d'armement et de commerce ont leur siège à Paris, et c'est à Paris et à quelques villes industrielles de la région que sont destinées toutes les matières premières et la plupart des marchandises qu'ils reçoivent.

MM. les Ingénieurs de Nantes et de Saint-Nazaire donnent chaque année dans leur rapport au Conseil général la statistique du bureau du port comprenant le gabarage ; nous la reproduisons à titre de renseignement :

Statistique des bureaux du port de Nantes et de Saint-Nazaire.

	SAINT-NAZAIRE			NANTES			
	Navigation maritime.	Navigation fluviale.	Total.	Long cours.	Cabotage.	Gabares et divers.	Total.
1883	1.306.638	603.367	2.000.005	44.695	277.567	296.474	567.705
1884	1.289.296	730.306	2.048.602	33.019	224.962	235.440	494.421
1885	1.314.669	655.342	1.970.001	34.684	250.606	204.878	509.170
1886	1.286.380	689.272	1.975.652	35.814	268.774	198.848	503.436
1887	1.262.130	712.022	1.974.152	33.945	268.644	188.423	491.017

D'après cette statistique, le tonnage de Saint-Nazaire est quatre fois plus considérable que celui de Nantes.

Le bulletin du ministère des Travaux publics a adopté pour le classement des ports français suivant leur importance le tonnage de jauge des navires chargés et sur lest. Voici les tonnages de Saint-Nazaire et de Nantes d'après ces éléments :

Statistique du Ministère des Travaux publics.

	SAINT-NAZAIRE		NANTES	
	Tonnage.	Rang.	Tonnage.	Rang.
1883	1.177.838 t.	8	303.560 t.	19
1884	1.256.891	7	292.450	19
1885	1.221.716	7	291.751	22
1886	1.197.089	7	307.621	20

Saint-Nazaire occupe ainsi le septième rang des ports français et Nantes le vingtième.

Nous pensons que la seule statistique qu'il convienne d'adopter pour apprécier l'importance des deux ports est celle qui servirait à l'application du droit de tonnage, le tonnage de jauge des navires de l'étranger et des colonies, entrant chargés ou venant prendre charge dans le port. Cette statistique est donnée par le bulletin mensuel officiel de statistique des douanes :

Statistique du Bulletin mensuel des Douanes.

	SAINT-NAZAIRE	NANTES
	Tonnage.	Tonnage.
1883	654.105 t.	151.746 t.
1884	690.515	99.114
1885	689.818	100.384
1886	657.231	111.662
1887	649.405	117.706

Ainsi le tonnage de Saint-Nazaire est environ six fois plus considérable que le tonnage de Nantes. Il faut remarquer que le tonnage de Saint-Nazaire diminue depuis trois ans. Cette diminution provient de l'arrêt successif des hauts-fourneaux des forges de Saint-Nazaire dont les arrivages ont diminué de 130,000 tonnes depuis trois ans et de la diminution de 80,000 tonnes sur les charbons fournis à la Cie d'Orléans. Sans ces causes spéciales de diminution, le tonnage du port aurait continué à progresser.

MM. les Ingénieurs de Nantes ont calculé exactement le tonnage devant payer le droit dans chaque port, et ils sont arrivés à 65,000 tonnes pour Nantes et 545,000 pour Saint-Nazaire, comme moyenne des années 1885, 86 et 87. Ainsi Saint-Nazaire percevrait 8 fois et 1/2 autant que Nantes ; le droit de tonnage lui rapporterait 8 fr. 50 quand il rapporterait 1 fr. à Nantes.

Supériorité du tonnage de St-Nazaire.

Toutes ces statistiques prouvent dans quelle énorme proportion le tonnage maritime de Saint-Nazaire dépasse celui de Nantes. Les lettres des principaux négociants de Saint-Nazaire prouvent que la grande majorité de ce commerce est en destination de l'industrie et du commerce de Saint-Nazaire, mais en fût-il autrement, les négociants de Nantes posséderaient-ils la majorité des marchandises embarquées ou débarquées à Saint-Nazaire, ils ne peuvent contester qu'ils ont reçu un service en entrant dans les bassins ; si ces bassins n'existaient pas, leurs navires auraient dû se rendre à Bordeaux ou au Havre, ou transborder en rade, dans des conditions défavorables au point de vue du prix de la manutention et au point de vue de la sécurité de la marchandise.

Ils doivent donc un payement au port de Saint-Nazaire pour ce service qui leur est rendu, et ce payement est le droit de tonnage, droit, qui dans tous les ports de France et de l'étranger, est consacré à l'amélioration du port qui a rendu le service.

Étude du canal maritime de la Basse-Loire. La lettre ministérielle demande encore d'étudier les modifications que l'ouverture du Canal de la Basse-Loire paraît de nature à devoir apporter à la répartition du trafic des deux ports. Ni le Conseil municipal, ni la Chambre de Commerce, ni les représentants de Saint-Nazaire n'ont jamais jusqu'ici attaqué le Canal, estimant qu'aucune opposition ne devait être faite aux projets de Nantes, afin que, par réciprocité, Nantes ne fît aucune opposition aux projets de Saint-Nazaire. Mais aujourd'hui qu'on cherche à mettre la main sur nos ressources pour exécuter le Canal, nous croyons pouvoir sortir de notre réserve et examiner brièvement ce que vaut cette œuvre.

Études de MM. Plock et Cartier. Léchalas et Partiot. En 1865, une somme de 140,000 fr., dont 95,000 fr. provenant de souscriptions volontaires, fut consacrée à l'étude du Canal de Nantes à la mer ; MM. Plock et Carlier en furent chargés par le Gouvernement ; les conclusions de leurs travaux furent qu'un Canal sur la rive droite donnerait une excellente solution, mais que, le Canal sur la rive droite ne fût-il pas possible, ils ne conseilleraient jamais d'exécuter un Canal sur la rive gauche. (1) MM. Léchalas et Partiot, chargés en même temps de l'étude de l'amélioration du lit du fleuve, conclurent en faveur du projet d'endiguement et de dragage et demandèrent, avant tout, la destruction de la digue du Carnet, qui est la base du projet du Canal sur la rive gauche. Ainsi, la Chambre de Commerce de Nantes a dépensé 140,000 fr. pour apprendre qu'à

---

(1) Voir note L des Extraits des Mémoires de MM. Plock et Carlier.

aucun prix elle ne devait construire de Canal sur la rive gauche, et c'est cependant cette solution qu'elle a adoptée !

Vote de la loi

Le projet de loi présenté en 1879, à la suite d'une visite à Nantes de M. de Freycinet, alors ministre des travaux publics, à l'époque où les Chambres votaient chaque jour d'importants projets de travaux publics, fut voté le même jour à la Chambre des Députés et au Sénat. Les rapporteurs, MM. Patissier et Cuvinot, ont ainsi résumé l'opinion des commissions : « Le projet a sur les précédents » l'avantage de donner lieu à une dépense bien moindre, et il » *permettra aux navires de 500 tonneaux de remonter jusqu'à* » *Nantes.* » Au moment où furent commencées les études, la Loire n'avait que 3^m20 à 3^m60 de tirant d'eau ; maintenant elle a un chenal de 4^m80 à 5^m de profondeur sur 80^m de largeur, et des navires de 800 tonneaux sont montés à Nantes ; la partie du fleuve vis-à-vis le Canal a maintenant un chenal aussi profond que les parties du fleuve en amont et en aval du Canal.

Rapport Bourdelles.

Avis sévère et unanime du Conseil général des ponts-et-chaussées.

M. Bourdelles, l'ingénieur en chef chargé des études définitives, a préféré quitter Nantes plutôt que d'exécuter une œuvre qu'il condamnait. Après examen de son rapport, le Conseil général des ponts-et-chaussées, en juin 1881, émit un avis unanime énergiquement motivé, demandant l'ajournement du canal et l'étude de nouvelles solutions. Mais l'amour-propre de la Chambre de Commerce de Nantes était en jeu ; elle insista vivement auprès du Ministre pour l'exécution de la loi contre laquelle ne pouvait prévaloir un avis du conseil général des ponts-et-chaussées, et la loi dut être exécutée.

M. Bouquet de la Grye.

M. l'Ingénieur hydrographe Bouquet de la Grye prouva, dans son rapport de 1882 (1), l'inanité des résultats du canal pour Nantes et les dangers pour Saint-Nazaire de la suppression des dragages et du maintien de la digue du Carnet, indispensable au canal.

M. le ministre Gougeard.

M. le Capitaine de vaisseau Gougeard, ministre de la marine, qui connaissait l'embouchure de la Loire, s'opposa à l'adjudication des travaux, dans l'intérêt du maintien des profondeurs à l'entrée du fleuve.

M. Vauthier.

Parmi les publicistes, M. Vauthier, ingénieur des ponts-et-chaussées, conseiller municipal de Paris, dans un ouvrage sur les ports intérieurs de la France, publié en 1882, a déclaré que l'exé-

---

(1) Voir note M, des extraits du rapport de M. Bouquet de la Grye.

cution du canal serait « le glas de mort de Nantes (1) ». M. Fernand Maurice, dans une étude approfondie de la Basse-Loire, parue dans la livraison de février 1885, dans la Nouvelle Revue, s'est aussi prononcé énergiquement contre l'exécution du canal (2).

Critique du canal sur la rive gauche.

L'avis de tous ces éminents ingénieurs peut se résumer ainsi :

Deux solutions pouvaient être adoptées pour assurer l'avenir de Nantes, l'exécution d'un canal sur la rive droite ou l'exécution de digues avec dragages énergiques : une solution devait être écartée à tout prix, l'exécution d'un canal sur la rive gauche. Le canal sur la rive droite pouvait avoir un tirant d'eau de 8^m, le canal sur la rive gauche ne peut recevoir qu'un tirant d'eau maximum de 6 mètres, à moins d'inonder toute la vallée de l'Acheneau, car il sert de déversoir à cette rivière. Le canal de la rive droite pouvait arriver directement aux quais du port de Nantes et aux bassins à flots projetés de la Prairie-au-Duc ; le canal sur la rive gauche doit s'arrêter à 4 kilomètres de Nantes, car le bras de Pirmil seul peut laisser passer l'eau des crues de la Loire. Le canal de la rive droite pouvait être prolongé jusqu'à Saint-Nazaire ; le canal sur la rive gauche ne peut être prolongé utilement, car on ne rencontre de grandes profondeurs que sur la rive droite.

Après le canal terminé, le lit du fleuve entre la Martinière et Nantes devra être creusé de 1^m,50, afin d'arriver à la profondeur de 5^m,50 à 6 mètres, qui est celle du canal ; 3 ou 4 millions au moins seront nécessaires pour ce travail ; mais, après l'ouverture du canal, le Gouvernement abandonnera probablement les dragages dans la partie du fleuve située parallèlement au canal, et le tirant d'eau redeviendra ce qu'il était avant les dragages, de 3^m,20 à 3^m,50. Le chenal du fleuve de la Martinière à Nantes formera donc une vaste fosse de 2^m,50 plus profonde que la partie du fleuve située au-dessous ; cette fosse recevra les 400 à 600,000 mètres cubes de sables que le fleuve amène de la partie supérieure, et il faudra les enlever à la drague à peu près tous, car ils seront arrêtés par le seuil de 2^m,50 d'élévation, placé en aval et ne pourront plus être entraînés naturellement par le courant.

Au prix actuel de 1 fr. 25 le mètre, ce serait une dépense de 5 à 600,000 fr. ; il serait donc probablement plus économique d'en-

---

(1) Voir note N, la reproduction d'un passage de la brochure.
(2) Voir note O, des extraits de cette étude.

4

tretenir la profondeur actuelle, parallèlement au canal, afin que le courant pût entrainer naturellement la plus grande partie des sables.

Sera-t-il même possible d'obtenir une profondeur plus grande en amont qu'en aval?

La partie en aval du Carnet demandera aussi des dragages infiniment plus dispendieux que si l'on creusait le chenal de la rive droite, où passe la plus grande masse d'eau du fleuve, car les attérissements causés par la digue de la Maréchale ne feront que s'accroître par suite du défaut de courant causé par cette digue.

Les dépenses d'entretien du canal, qui sert de déversoir à l'Acheneau et reçoit tous ses détritus ainsi que ceux des marées vaseuses de la Loire, pendant les crues, seront aussi très considérables.

Le Gouvernement consentira-t-il à accorder les sommes énormes nécessaires pour cet entretien et ces dragages?

Les profondeurs seront-elles plus considérables qu'aujourd'hui?

Les navires auront d'ailleurs bien peu d'avantage à passer par le canal, car retardés par la nécessité d'écluser au moment de la haute mer, retardés par les garages d'évitement, retardés par la nécessité de marcher à très faible vitesse, malgré des frais très dispendieux de remorquage, ils mettront deux marées, au lieu d'une, pour remonter à Nantes.

Les résultats merveilleux obtenus en Angleterre dans la Clyde et la Tyne, en Amérique dans le Mississipi, par l'emploi de digues et de dragages permettaient d'espérer des résultats analogues dans la Basse-Loire.

Si, en dix ans, avec un crédit annuel de 250 à 300.000 francs on a obtenu que le tirant d'eau de 3 m. 20 arrivât à 5 mètres, quelle profondeur aurait-on obtenue avec un crédit annuel d'un million qui ne représente que l'intérêt des 20 millions accordés pour le canal?

Ces deux solutions profitaient dans une certaine mesure à Saint-Nazaire; le canal sur la rive droite était utile pour sa batellerie comme le canal de Tancarville est utile au Havre. La solution des digues et dragages, en creusant le lit du fleuve, augmentait la masse d'eau qui passe quatre fois par jour devant Saint-Nazaire et maintient la profondeur de ses passes ; en prolongeant les digues au-delà de Saint-Nazaire jusqu'aux eaux profondes, on améliorait les profondeurs du port du Saint-Nazaire.

L'avis de ces éminents ingénieurs n'est d'ailleurs pas ignoré de tout le commerce de Nantes.

Pétitions des armateurs et industriels nantais.

C'est ainsi qu'il a été adressé en juillet 1884 et avril 1885, à la Chambre de Commerce de Nantes, des pétitions revêtues de signatures d'armateurs et de négociants formant les deux tiers du tonnage du port de Nantes (1). Nous en donnons copie avec les noms des signataires. Ces pétitions disaient en substance : « Nous croyons peu aux résul- » tats du canal ; nous nous en désintéressons si nous ne devons pas » y contribuer, mais nous aimons mieux qu'il soit abandonné que » de voir imposer nos navires et nos marchandises. » Et si ces pétitions ne sont pas encore renouvelées, c'est que d'après des bruits habilement répandus, d'après des brochures distribuées, les navires fréquentant le port de Nantes ne payeraient que 5 à 10 centimes de droits, quand les autres en payeraient 50.

Ainsi, c'est pour une œuvre condamnée par tant d'ingénieurs éminents, par un avis unanime énergiquement motivé du conseil général des ponts-et-chaussées, œuvre indifférente à la grande majorité des armateurs et des négociants de Nantes, qu'on voudrait renoncer aux règles appliquées de tous temps dans tous les ports français et étrangers, en matière de droit de tonnage, et spolier le port de Saint-Nazaire !

Résultats de l'ouverture du canal sur le tonnage des deux ports.

La lettre ministérielle demande si, une fois le canal terminé, le tonnage du port de Nantes augmentera. MM. les Ingénieurs Préverez et Korviler, dans leur remarquable rapport prouvent que les navires charbonniers ne remonteront jamais à Nantes, en admettant même que le fleuve soit approfondi en amont et en aval du canal. Ils pensent, et nous sommes de leur avis, que les seuls navires transportant les bois, riz, cacaos et sucres destinés aux négociants de Nantes, et dont le tonnage annuel s'élève à 50,000 tonnes, remonteront à Nantes après l'ouverture du canal, si leur tirant d'eau le permet. MM. les Ingénieurs de Nantes, Cosni et Lefort estiment, au contraire, qu'après l'ouverture du canal, Nantes recevra directement 700,000 tonnes de marchandises, et Saint-Nazaire seulement 500,000 tonnes. M. Lefort ajoute que Saint-Nazaire retirera trois fois plus de profit que Nantes de la

---

(1) Voir note P, les pétitions des armateurs de Nantes.

combinaison projetée. La Chambre de Commerce de Nantes, dans une brochure intitulée « Réponse aux observations de MM. les Ingénieurs de Saint-Nazaire », et publiée à la date du 20 août, met une grande vivacité pour réfuter les arguments de MM. les Ingénieurs de Saint-Nazaire, elle voit déjà le développement rapide du tonnage de Nantes atteindre celui de Rouen et de Dunkerque; mais alors, si l'ouverture du canal maritime doit avoir pour effet d'enlever 100,000 tonnes de marchandises à Saint-Nazaire et d'augmenter de 100,000 tonnes le port de Nantes, pourquoi la Chambre de Commerce de Nantes demande-t-elle à solidariser les recettes des deux ports ?

La Chambre de Commerce de Nantes veut nous faire cadeau de 60,000 fr. de droits chaque année ; nous refusons et elle semble furieuse de notre refus !

« On se demande, dit-elle, en face de cette sérénité apparente, » d'où vient alors l'opposition continue et acharnée de Saint-» Nazaire à l'achèvement du canal de la Basse-Loire. »

Nous n'avons jamais fait d'opposition au canal maritime ; nous partageons à son sujet l'opinion des nombreux pétitionnaires Nantais de 1884 et 1885 qui forment les 2/3 du tonnage du port de Nantes : « nous croyons peu au succès du canal maritime ; nous nous en désintéressons, mais nous ne voulons pas le payer. »

Taxe de tonnage sur les deux ports.

Enfin, la lettre ministérielle demande quelle formule doit être adoptée pour l'établissement des droits de tonnage projetés.

MM. les Ingénieurs de Nantes approuvent la formule proposée par la Chambre de Commerce de Nantes, 0 fr. 50 par tonne de jauge sur tous les navires de long-cours ou de cabotage avec l'étranger.

MM. les Ingénieurs de Saint-Nazaire, s'inspirant de l'avis de M. le Ministre des Travaux publics dans sa lettre du 29 mars, établissent un droit de tonnage de 0 fr. 15 pour tous les navires passant sur la barre des Charpentiers ; puis, s'appuyant sur le projet de loi concernant les travaux du Havre et de la Basse-Seine, qui spécialise les taxes, ils établissent, en plus, un droit de 0 fr. 11 sur les navires entrant dans les bassins de Saint-Nazaire et de 0 fr. 40 sur les navires remontant au-dessus de Paimbœuf, dans la direction du port de Nantes.

MM. les Ingénieurs de Saint-Nazaire ont ainsi respecté la jurisprudence constante de la loi de 1865 et les principes de logique et d'équité qui sont appliqués dans tous les ports de France et de l'étranger.

La Chambre de Commerce de Saint-Nazaire a toujours repoussé et repousse avec la plus grande énergie la solidarité des droits proposée par la Chambre de Commerce de Nantes, et repoussant le principe de la proposition nantaise, elle n'a pas à se prononcer sur l'application de ce principe.

Résumé.

En résumé,

L'emprunt de 5,900,000 fr. ne peut être autorisé parce que le canal coûtera 17 et non pas 20 millions, grâce aux économies réalisées et aux réductions prescrites par M. le directeur de la navigation Belot.

L'emprunt de 3,000,000 fr. ne peut être autorisé parce que la Chambre de Commerce de Saint-Nazaire a préféré renoncer à l'exécution des travaux qu'il comporte plutôt que modifier le texte de la loi votée par la Chambre des députés et retenue au Sénat par M. le Ministre des Travaux publics, contrairement aux engagements réitérés de ses prédécesseurs.

L'engagement du Conseil général vis-à-vis du commerce de Nantes ne peut être interprété que d'une seule façon, contrairement aux insinuations de la Chambre de Commerce de Nantes : « De même que l'emprunt au profit de Saint-Nazaire a été amorti » au moyen d'une taxe de tonnage frappant les seuls navires en- » trant dans les bassins de Saint-Nazaire, l'emprunt au profit de » Nantes doit être amorti au moyen d'une taxe de tonnage frappant » les seuls navires entrant dans le port de Nantes. »

La ville de Saint-Nazaire, qui en trente ans a passé de 900 à 26,000 habitants, possède ses usines et ses maisons de commerce ; la création d'une Chambre de Commerce a établi son autonomie et lui a donné le droit de s'administrer elle-même et de repousser toute ingérence étrangère.

La solidarisation des taxes de tonnage de Nantes et de Saint-

Nazaire est contraire à la jurisprudence constante de la loi de 1866, contraire au principe de la spécialisation des taxes si rigoureusement appliquée dans le récent projet de loi sur les travaux du Havre et de la Basse-Seine, et mis en pratique dans tous les ports de la France et de l'étranger.

En faisant une enquête auprès des principaux négociants de Saint-Nazaire, la Chambre de Commerce a constaté que sur 793,956 tonnes importées en 1887, plus de 540,000 étaient à destination directe d'usines ou de maisons de commerce de Saint-Nazaire.

La statistique prescrite par le questionnaire de la lettre ministérielle ne peut donner aucun résultat, elle est interprétée de différentes manières, et les statistiques des douanes ne peuvent fournir tous les éléments nécessaires; elle conduit MM. les ingénieurs de Nantes et de Saint-Nazaire aux conclusions les plus opposées et les plus contradictoires.

Toutes les statistiques officielles constatent que le port de Saint-Nazaire est de quatre fois à huit fois et demie plus important que celui de Nantes.

Le canal de la Basse-Loire a été combattu par la presque totalité des ingénieurs qui s'en sont occupés; il a été sévèrement condamné par un avis unanime énergiquement motivé du Conseil général des ponts-et-chaussées; un grand nombre de négociants nantais formant les deux tiers du tonnage du port, s'en désintéressent et préfèrent le voir ajourner indéfiniment que d'y contribuer par la plus petite taxe de tonnage.

Les ingénieurs de Saint-Nazaire pensent que l'ouverture du canal aura un résultat insensible sur le tonnage des deux ports; les ingénieurs de Nantes pensent, avec la Chambre de Commerce de Nantes, que le tonnage de Nantes doublera aux dépens de Saint-Nazaire.

De deux choses l'une : ou le tonnage de Nantes augmentera ou il n'augmentera pas; s'il augmente pourquoi Nantes veut-il solidariser les recettes des deux ports, contrairement à son intérêt et aux règles appliquées dans tous les ports de France et de l'étranger ? S'il ne les augmente pas, pourquoi, pour une œuvre stérile, chercher à priver de ses ressources le port de Saint-Nazaire qui resterait ainsi le seul port de la région de la Loire et qui a tant d'améliorations à réaliser ?

La Chambre de Commerce de Saint-Nazaire repousse avec la plus grande énergie toute solidarité dans l'établissement des taxes.

Elle ne s'est jamais opposée et elle ne s'oppose point à l'achèvement du canal maritime, mais elle ne veut pas le payer.

Conclusions. C'est avec un profond sentiment de tristesse que nous assistons à ces rivalités d'intérêt, à ces querelles mesquines de deux villes qui auraient intérêt à s'entendre, au moment où tous les grands ports augmentent leur profondeur et perfectionnent leur outillage maritime, au moment où le Havre va être doté d'une nouvelle entrée et d'un port en eau profonde permettant l'accès des navires de 8 mètres de tirant d'eau, à la veille de l'ouverture du nouveau port de La Rochelle, qui, lui aussi, recevra des navires de 8 mètres de tirant d'eau et fera une concurrence terrible à Saint-Nazaire pour les importations de charbon ET L'ATTACHE DES LIGNES TRANS-ATLANTIQUES.

L'hostilité de la Chambre de Commerce de Nantes non seulement ne permet pas de penser aux projets d'approfondissement du port de Saint-Nazaire, création d'un nouveau bassin dans l'anse de Villés-Martin ou approfondissement du premier avec nouvelle entrée, mais elle est même un obstacle aux projets les plus urgents d'amélioration courante. Sans cette hostilité, le Ministre des travaux publics aurait cessé de tenir en suspens, au Sénat, le projet de 3 millions déjà voté par la Chambre des députés, et qui comprend, avec l'essai de dragage des Charpentiers, l'écrètement de l'écueil, situé à l'entrée du port et sur lequel vient de s'échouer le *Jules-Chagot.*

Sans cette hostilité, la Chambre de Commerce de Saint-Nazaire pourrait allonger immédiatement le sas de la petite écluse et permettre ainsi aux steamers charbonniers du plus fort tonnage d'entrer dans les bassins et d'en sortir à peu près à toute heure.

La Chambre de Commerce de Nantes en acceptant, il y a dix ans, le canal sur la rive gauche au lieu de réclamer le canal sur la rive droite ou l'adoption du projet Léchalas, a perdu l'avenir du port de Nantes. Aujourd'hui, par des prétentions injustifiées, par une hostilité jalouse, elle met obstacle aux projets de transformation du port de Saint-Nazaire. Lorsque, dans quelques années, le port de La Rochelle aura hérité de la clientèle de charbon et des grands navires de Saint-Nazaire, la Chambre de Commerce de Nantes pourra regretter d'avoir successivement causé la ruine des deux ports de la Loire, mais il sera trop tard.

Pour nous, nous aurons dégagé notre responsabilité et rempli notre devoir en cherchant à éclairer le pays.

NOTES

Note A

MINISTÈRE DES TRAVAUX PUBLICS

DIRECTION DES ROUTES, DE LA NAVIGATION ET DES MINES.

Paris, le 29 mars 1888.

Monsieur le Préfet,

J'ai reçu directement de la Chambre de Commerce de Nantes la lettre et la note ci-jointes, datées du *22 février 1888*, en réponse à la communication que vous lui aviez faite de ma dépêche *du 22 janvier.*

Dans cette dépêche du 28 janvier, j'avais indiqué :

Qu'il ne serait possible de poursuivre les travaux d'achèvement du canal maritime latéral à la Loire avec une suffisante activité, que si les intéressés prêtaient à l'État un nouveau concours ;

Que, dans cet ordre d'idées, la Chambre de Commerce de Nantes pourrait faire à l'État l'avance, sans intérêt, d'une somme de 5,900,000 fr., à fournir en 3 ans, de façon à mettre le canal en exploitation le plus tôt possible ;

Que cette avance, étant remboursée par l'État en 6 annuités égales à partir de 1891, occasionnerait à la Chambre de Commerce une somme d'environ 1 million ;

Qu'enfin, la Chambre pourrait amortir cette charge de 1 million moyennant un droit de tonnage de 0 fr. 40 à percevoir sur les navires entrant au port de Nantes.

Dans sa lettre du 28 février, la Chambre de Commerce de Nantes déclare qu'elle considère l'opération suggérée par l'Administration comme étant de nature à faire courir à la Chambre des risques auxquels elle ne croit pas pouvoir s'exposer ; elle propose une autre combinaison qui consisterait à frapper d'un droit de 0 fr. 40 tous les navires entrant en Loire, quelle que soit la destination, et à affecter le produit de cette taxe « au service de la collectivité des intérêts maritimes et commerciaux de la Loire, de telle sorte que Saint-Nazaire et Nantes... en auraient leur part.... »

La note jointe à la lettre de la Chambre de Nantes montre la solidarité des intérêts de Nantes et de Saint-Nazaire ; elle rappelle l'intervention du Conseil Général du département de la Loire-Inférieure, en 1874, lorsqu'il s'est agi de faire à l'État l'avance d'une somme de 10 millions pour hâter l'achèvement du deuxième bassin à flot de Saint-Nazaire, moyennant un droit de tonnage de 0 fr. 35 perçu au profit du Département ; elle rappelle qu'à cette occasion le Conseil Général du Département avait offert au Gouvernement une seconde avance de 6 millions pour les travaux d'amélioration de la navigation de la Basse-Loire ; elle rappelle enfin qu'au cours de la discussion de la loi du 5 janvier 1875, qui a accepté du Département l'avance de 10 millions pour les travaux de Saint-Nazaire et établi le droit de tonnage de 0 fr. 35, le Ministre des Travaux publics, répondant à la tribune de la Chambre à l'honorable M. Babin-Chevaye, a dit, en parlant des travaux de la Basse-Loire : « Ces travaux sont de la plus grande importance ;....

dès que l'Administration sera fixée sur les dispositions à adopter et sur les conditions d'exécution, je n'hésite pas à donner à l'honorable M. Babin-Chevaye l'assurance que le Gouvernement sera disposé à accepter l'offre de 6 millions faite par le Conseil Général de la Loire-Inférieure.... »

C'est, en définitive, l'exécution de cette promesse que réclame aujourd'hui la Chambre de Commerce de Nantes.

Le Gouvernement, Monsieur le Préfet, ne pourra évidemment examiner la question au fond que s'il en était saisi par une délibération du Conseil Général de la Loire-Inférieure, qui a seul qualité pour dire s'il entend se charger de l'opération d'ensemble que la Chambre de Commerce de Nantes désire lui voir entreprendre. Il est d'autant plus nécessaire de laisser le Conseil Général prendre l'initiative des mesures financières réclamées par la Chambre de Commerce de Nantes, que la Chambre de Commerce de Saint-Nazaire n'a pas, jusqu'à présent du moins, manifesté le même désir de solidarité. Dans le cas où une divergence de vue se produirait entre les deux Chambres de Commerce, il appartient au Conseil Général du Département, qui seul représente l'ensemble des intérêts en jeu, d'éclairer le Gouvernement sur les mesures que la situation commande, et, s'il y a lieu, de prendre en main la direction des intérêts communs.

Je vous prie, en conséquence, de provoquer les observations de la Chambre de Commerce de Saint-Nazaire sur la question soulevée, et d'en saisir le Conseil Général de la Loire-Inférieure dans sa prochaine session.

Les termes dans lesquels la question se pose, peuvent être définis de la manière suivante :

L'amélioration des ports maritimes de la Loire comporte actuellement trois catégories de travaux :

1° L'approfondissement, au moyen de dragages, de la barre des Charpentiers ; *ce travail, évalué 1,700,000 fr., doit être considéré comme une amélioration commune à l'ensemble des ports de la Loire,* puisque la barre des Charpentiers est le point de passage commun de tous les grands navires qui remontent en Loire ;

2° Des travaux spéciaux au port de Saint-Nazaire évalués 1,300,000 fr., consistant en dérochements, dragages et aménagements divers ;

3° L'achèvement du canal maritime qui doit ouvrir l'accès de Nantes aux navires de 5^{m}00 de tirant d'eau, conformément à un projet déclaré d'utilité publique par la loi du 8 août 1879.

Les deux premières catégories des travaux font l'objet d'un projet de loi approuvé par la Chambre des députés en 1886 ; mais tenu en échec au Sénat depuis plus d'un an en raison du refus opposé jusqu'à présent par la Chambre de Commerce de Saint-Nazaire à la proposition qui lui a été faite de pourvoir à la totalité de la dépense de 3 millions, moyennant un droit de tonnage de 0 fr. 40.

C'est pour hâter l'achèvement des travaux de la troisième catégorie, que la Chambre de Commerce de Nantes propose de son côté une avance, sans intérêts, de 5,900,000 fr., représentant une charge d'intérêt d'environ 1 million.

Si le département de la Loire-Inférieure accueillait la requête de la Chambre de Commerce de Nantes, il aurait à demander au Ministre des Travaux publics de provoquer une loi permettant au Gouvernement :

1° D'accepter du Département un subside de 3 millions, destiné à pourvoir d'une part pour 1,100,000 fr. à l'amélioration des passes de l'embouchure, *passes qui constituent les accès communs des ports de Saint-Nazaire et de Nantes ;* et d'autre part, pour 1,300,000 fr. à l'amélioration du port de Saint-Nazaire ;

2° d'accepter du Département une avance de 5,900,000 fr. remboursable sans intérêts en 6 annuités égales à partir de 1891, lesdites avances destinées à pourvoir, concurremment avec un crédit annuel de 1 million servi pendant 3 ans sur les fonds du Trésor, à l'achèvement en 3 années du canal maritime de la Basse-Loire ;

3º d'établir sur tous les navires entrant en Loire un droit de 0 fr. 40 qui, perçu au profit du Département, le mettrait en mesure de subvenir au remboursement des emprunts qu'il aurait contractés pour pourvoir tant au subside de 3 millions qu'aux charges d'intérêts (évaluées à environ 1 million) de l'avance remboursable de 5,900,000 fr., la Chambre de Commerce de Nantes a calculé que ce droit de tonnage donnerait une ressource annuelle de 240,000 fr. ; la dette totale d'environ 4 millions assumée par le Département pourrait, dans ces conditions, être amortie en une trentaine d'années (le taux de l'intérêt étant compté à 4 fr. 75 0/0).

Je dois reconnaître que cette combinaison paraît, à priori, présenter des avantages sur celles que mon administration avait respectivement suggérées aux deux Chambres de Commerce de Saint-Nazaire et de Nantes et qui laissaient chacune de ces Chambres exposée isolément à certains risques. Il est, en effet, impossible de prévoir exactement quelle sera l'influence de l'ouverture du canal de la Basse-Loire sur la répartition, entre Nantes et Saint-Nazaire, du commerce maritime de la région. Si Nantes doit se préoccuper de ne pas courir le risque d'un mécompte, Saint-Nazaire paraît avoir un intérêt sérieux à s'assurer contre les conséquences, soit d'une diminution momentanée de l'importance absolue de son trafic, soit tout au moins du ralentissement dans la progression du mouvement de son port. Il semble donc, à première vue, que la proposition de la Chambre de Commerce de Nantes mérite d'être prise en considération.

Veuillez donner ampliation de la présente lettre à MM. les Ingénieurs en chef Kerviler et Lefort en les invitant à se mettre réciproquement à la disposition des Chambres de Commerce de Saint-Nazaire et de Nantes, puis du Conseil Général, pour les aider au besoin dans les recherches statistiques et les calculs d'annuités que comporte la rédaction d'une formule définitive.

Vous voudrez bien, en même temps, en transmettre ampliation aux trois corps électifs intéressés.

Dans le cas où le Conseil Général prendrait une délibération tendant à la présentation d'un projet de loi dans les conditions générales ci-dessus rappelées, vous pourriez utilement appeler son attention sur la convenance de déléguer à la Commission départementale le pouvoir d'arrêter, sur la proposition du Gouvernement, les détails de la combinaison.

Recevez, Monsieur le Préfet, l'assurance de ma considération la plus distinguée.

Le Ministre des Travaux publics,

Signé : ÉMILE LOUBET.

Note B

SÉNAT. — *Séance du 7 juin 1887.*

M. Tirard. — Messieurs, le projet de loi relatif aux travaux à exécuter dans le port de Saint-Nazaire a été renvoyé avec juste raison à l'examen de la Commission des Finances. Ce projet de loi, en effet, soulève une très grave question ; *il s'agit non pas d'introduire mais de généraliser un système nouveau dans notre organisation financière.* La Commission étudie donc ce projet avec le plus grand soin ; elle a pris rendez-vous avec MM. les Ministres des Finances et des Travaux publics, et elle est réunie en ce moment pour l'examiner.

Je demande par conséquent au Sénat de vouloir bien ajourner l'examen du projet de loi jusqu'au jour où la Commission des Finances aura fait cet examen elle-même et où elle pourra se présenter utilement devant le Sénat.

Note C

MINISTÈRE DES TRAVAUX PUBLICS

DIRECTION DES ROUTES, DE LA NAVIGATION ET DES MINES

Paris, le 9 juin 1887.

Monsieur, le projet de loi relatif à l'amélioration du port de Saint-Nazaire et des chenaux qui y aboutissent est devant le Sénat depuis le 7 mars dernier.

La Commission des Finances, appelée à donner son avis sur ce projet de loi, a soulevé, auprès de l'Administration, la question de savoir si la Chambre de Commerce qui s'est engagée à payer un subside de 1.700.000 fr. et à faire une avance de 1.300.000 fr., ne pourrait pas fournir comme subside l'intégralité de la somme de 3.000.000 à laquelle sont évalués les travaux sauf à élever dans une proportion convenable la quotité du droit de tonnage à percevoir dans le port.

Je vous serai obligé de vouloir bien me faire connaître à ce sujet l'appréciation de la Chambre de Commerce.

Recevez, Monsieur, l'assurance de ma considération très distinguée.

Le Ministre des Travaux publics,

Pour le Ministre et par autorisation :

Le Directeur des routes, de la navigation et des mines,

GUILLAIN.

A M. le Président de la Chambre de Commerce de Saint-Nazaire.

Note D

MINISTÈRE DES TRAVAUX PUBLICS

DIRECTION DES ROUTES, DE LA NAVIGATION ET DES MINES

11 juillet 1887.

Monsieur l'Ingénieur en Chef, je vous serai obligé de vouloir bien me faire parvenir une étude comparative des deux ports de Nantes et de Saint-Nazaire, au point de vue des frais que les navires ont à supporter dans l'un et dans l'autre port. Cette étude est destinée à me permettre d'éclairer le Parlement sur la question de savoir s'il serait possible au port de Saint-Nazaire de supporter des droits de tonnage plus élevés que ceux projetés, et suffisants pour lui permettre de subvenir intégralement, par un subside non remboursable de 3 millions, à la dépense totale des travaux dont le projet est actuellement soumis au Sénat.

Il ne s'agit que des frais supportés par l'armement, à l'exclusion des droits de douane et frais de manutention portant sur les cargaisons. Les renseignements à fournir ont donc trait notamment : aux droits de port, de quai, de bassin, soit généraux (ou payés à l'État), soit locaux ; aux taxes de pilotage, aux taxes ou frais de remorquage, aux tarifs ou frais de courtage.

Vous voudrez bien compléter cette étude comparative, par celle des frais de manutentions et autres, que les marchandises ont à supporter dans l'un et l'autre port, ainsi que la différence des frets et frais de transport dont le commerce doit tenir compte, pour les marchandises destinées à Nantes et au-delà, suivant que ces marchandises sont débarquées à Saint-Nazaire ou à Nantes.

Votre étude établira, comme conclusion, le taux maximum des droits de tonnage nouveaux que le port de Saint-Nazaire pourrait supporter, sans risquer de perdre une partie de sa clientèle, en supposant d'ailleurs terminé le canal de la Loire.

Recevez, etc.

Signé : GUILLAIN.

Note E

CHAMBRE DE COMMERCE DE SAINT-NAZAIRE

Séance du 7 novembre 1887.

M. Kerviler communique à la Chambre la lettre qui lui a été adressée par M. Guillain, Directeur des Routes et de la Navigation au ministère des Travaux publics, en réponse à la demande qui lui avait été envoyée pour être autorisé à accompagner la délégation à Paris.

En ce qui concerne le projet des 3 millions, la Commission des Finances du Sénat, maintenant ses premières prétentions sur le changement de l'avance des 1.300.000 fr. en un subside non remboursable, il y aurait lieu de recourir à une nouvelle combinaison. Avec une taxe de 0.40 au lieu de 0 30, M. Guillain pense que la Chambre pourrait facilement donner les 3 millions. Dans ce cas, il n'y aurait pas lieu de procéder à une enquête nouvelle, une simple délibération suffirait pour obtenir le projet à brève échéance, dans un délai de trois semaines au plus.

M. Guillain a terminé en faisant remarquer que le port de Saint-Nazaire n'avait rien à redouter de l'élévation de droit ; cette même taxe de 0.40 devant être imposée à Nantes qui sollicite en ce moment un crédit ou l'autorisation d'émettre un emprunt, dans le cas où on lui refuserait le crédit.

M. le Président, se faisant l'interprète du sentiment de la Chambre, considère la proposition de M. Guillain comme absolument inacceptable. Il ne s'agit pas de travaux neufs, mais de réparations urgentes qui doivent être faites par l'État.

L'élévation du droit portant d'ailleurs sur des marchandises de peu de valeur, avec des frets extrêmement réduits, ne pourrait qu'occasionner le plus grand préjudice au port. La Chambre ne peut donc modifier ses premières délibérations. Elle doit, au contraire, réserver précieusement pour l'avenir des ressources qu'elle devra trouver dans l'augmentation de la taxe, lorsque la situation du port lui permettra d'avoir recours à une nouvelle imposition.

Il n'y a donc plus, ajoute M. le Président, qu'à nommer la délégation et à se mettre d'accord sur la marche à suivre.

Note F

MINISTÈRE DES TRAVAUX PUBLICS

DIRECTION DES ROUTES, DE LA NAVIGATION ET DES MINES.

Paris, le 19 mai 1888.

Monsieur le Préfet,

Vous m'avez adressé le 24 avril dernier, copie du procès-verbal de la délibération qui a eu lieu au sein du Conseil général de la Loire-Inférieure dans ses séances des 11, 12, 14 du même mois, au sujet des mesures à prendre en vue du prompt achèvement du canal maritime de la Basse-Loire, de l'amélioration de l'embouchure du fleuve et de divers travaux d'amélioration du port de Saint-Nazaire.

Le Conseil général offre à l'État :

1° Un subside de 3 millions destiné à pourvoir à l'amélioration des accès et de la profondeur intérieure du port de Saint-Nazaire, ainsi qu'à divers aménagements nouveaux de ce port.

2° Une avance de 5.900.000 fr. remboursables sans intérêts en 6 annuités égales, à partir de 1891, ladite avance destinée à pourvoir concurremment avec un crédit de 1 million, servi pendant 3 ans sur les fonds du Trésor, à l'achèvement en 3 années du canal maritime de la Basse-Loire.

Le subside de 3 millions ainsi que les charges d'intérêts afférentes à l'avance des 900.000 fr., lesquelles sont évaluées à 1 million environ, seraient couverts au moyen des produits d'un droit de tonnage à percevoir sur tous les navires entrant en Loire.

Le Conseil général, sans se prononcer dès à présent d'une manière définitive sur l'assiette et l'économie de cette taxe, fait remarquer que le montant annuel des droits perçus devra s'élever au minimum de 240.000 fr. afin de permettre au département de se couvrir des charges qu'il assume.

Il exprime d'un autre côté le désir que le Gouvernement adopte un système de droits gradués suivant qu'il s'agit de navigation au long-cours ou de navigation dans les mers d'Europe, avec des abonnements pour les navires attachés aux ports de Nantes et de Saint-Nazaire et faisant des services réguliers.

Il se demande enfin si l'on ne devrait pas faire porter le droit, non plus sur le jaugeage des navires, mais sur la marchandise qui, dans l'espèce, est représentée par un chiffre de tonnes beaucoup plus élevé que le chiffre du tonnage de jauge, ce qui offrirait l'avantage de réduire notablement le taux de la taxe.

Cette délibération prise, il est vrai, à une grande majorité, a soulevé, dans le sein du Conseil général et en dehors de ce Conseil, une très vive opposition de la part des représentants élus de Saint-Nazaire. On a contesté notamment, au nom du commerce de Saint-Nazaire, cette affirmation produite devant le Conseil général qu'une partie notable du tonnage de marchandises et par suite du tonnage de jauge enregistré à l'entrée et à la sortie du port de Saint-Nazaire est en réalité à destination ou en provenance de Nantes.

En raison de ces protestations, il me paraît nécessaire avant de statuer pour ce qui me concerne, d'avoir tout d'abord des renseignements précis sur les questions suivantes :

1° Les marchandises déclarées en douane, tant à l'entrée qu'à la sortie, à Nantes ou à Saint-Nazaire, en provenance ou en destination, soit de l'étranger soit des ports français, sont-elles toutes arrivées ou parties par les deux ports ? Dans le cas de la négative, retrancher celles qui concerneraient soit d'autres ports soit les voies de terre. La part des deux ports étant ainsi déterminée, établir le rapport entre le poids des marchandises (entrées et sorties réunies) déclarées en douane à Nantes et le poids des marchandises déclarées en douane à Saint-Nazaire. — Établir de même le rapport entre les valeurs desdites marchandises. — Et cela pour chacune des années 1885, 1886 et 1887.

2° Rechercher, parmi les marchandises entrées et sorties qui ont été déclarées en douane à Saint-Nazaire pendant chacune des années 1885, 1886 et 1887, celles qui en destination ou en provenance de Nantes ont été directement réclamées ou expédiées par des négociants ou industriels établis à Nantes et y ayant leurs bureaux et leurs usines et qui n'ont été débarquées ou embarquées à Saint-Nazaire qu'à raison des obstacles que l'état du fleuve opposait à ce que les navires de mers qui les ont apportées ou emportées, remontassent jusqu'à Nantes.

Établir, d'après cela, le tonnage total des marchandises de mer représentant réellement le commerce de Nantes et le tonnage total des marchandises de mer représentant réellement le commerce de Saint-Nazaire pour chacune des 3 années considérées (afin de tenir compte du trafic en voyageurs, on fera entrer dans le second des chiffres de tonnage ci-dessus le nombre des voyageurs embarqués et débarqués à Saint-Nazaire, en comptant chaque voyageur pour une tonne) — Calculer le rapport entre les deux tonnages ainsi établis.— Calculer de même le rapport entre les valeurs totales des marchandises.

3° Étudier les modifications que l'ouverture du canal de la Basse-Loire paraît de nature à devoir apporter à la répartition du trafic total actuel entre les deux ports de Nantes et Saint-Nazaire. — Évaluer d'après cette étude ce que pourraient devenir après l'ouverture du canal, le tonnage de jauge de Saint-Nazaire et celui de Nantes en supposant leur total égal au total actuel.

Je vous prie, Monsieur le Préfet, d'inviter Messieurs les Ingénieurs en chef Lefort et Pocart-Kerviler à se concerter pour me faire parvenir sans retard les renseignements ci-dessus demandés, en réclamant s'il en est besoin pour les établir la collaboration des deux Chambres de Commerce.

Messieurs Pocart-Kerviler et Lefort devront d'autre part étudier en collaboration avec les deux Chambres de Commerce la formule à adopter éventuellement pour l'établissement des droits de tonnage communs projetés si on en adopte le principe.— Ils devront chercher à faire en sorte que, moyennant des modérations de taxes convenablement établies en faveur de telles ou telles catégories de navires, les perceptions à prévoir sur le commerce de chaque port d'après les statistiques ci-dessus demandées et d'après la probabilité du déplacement de trafic résultant de l'ouverture du canal soient, autant que possible, proportionnelles aux charges afférentes à chaque port dans l'opération d'ensemble.

Cette formule devra comprendre en tous cas des exemptions complètes en faveur des catégories suivantes :

1° Les navires en relâche.

2° Les navires entrant sur lest et repartant sur lest.

3° Les navires entrant chargés qui repartent sans avoir fait aucune opération commerciale.

4° Les navires se livrant à la pêche côtière, au remorquage ou au pilotage.

5° Les bâtiments de toute nature appartenant à l'État ou employés à son service.

La question de savoir si le cabotage entre ports français sera complètement ou partiellement exonéré est une de celles qu'il y a lieu d'étudier.

D'ailleurs, dans le but d'apporter quelques modérations aux charges incombant à la navigation d'escale, mon administration tient essentiellement à ce qu'il soit stipulé en faveur de ce genre de navigation des réductions de taxes qui pourraient être graduées suivant l'échelle ci-après qui a déjà été proposée pour un certain nombre de ports :

« Le droit perçu sur tout navire entrant en Loire après avoir laissé ou avant de porter dans un port·français où est établi un droit local de tonnage, partie de sa cargaison provenant d'un port étranger ou pour continuer dans un des ports de la Loire à destination de l'étranger son chargement commencé dans un autre port français où est établi un droit local de tonnage, serait réduit :

1° *Au quart de la taxe* si le navire ne débarque et n'embarque qu'un nombre de tonneaux d'affrètement ne dépassant pas la moitié du nombre de tonneaux de jauge correspondant à sa jauge légale.

2° *A la moitié de la taxe* si le navire ne débarque et n'embarque qu'un nombre de tonneaux ne dépassant pas les 3/4 du nombre de tonneaux de jauge correspondant à sa jauge légale.

3° *La taxe entière* serait perçue si le navire débarque et embarque un nombre de tonneaux d'affrètement dépassant les 3/4 du nombre de tonneaux de jauge correspondant à sa jauge légale.

Vous remarquerez, Monsieur le Préfet, que les indications qui précèdent en ce qui concerne l'assiette et la gradation de la taxe supposent que cette taxe est établie sur la jauge du navire et non sur la marchandise ; c'est que le Gouvernement s'est jusqu'à ce jour strictement renfermé dans les prescriptions de la loi du 16 mai 1866 qui constitue la base de la Législation sur la matière et d'après laquelle le droit doit frapper l'instrument du transport à l'exclusion de la marchandise : j'estime qu'il n'y a pas lieu dans l'espèce de déroger à cette règle.

Les questions qui font l'objet de la présente lettre ne sauraient être résolues par mon administration en ce qui la concerne qu'après un nouvel examen par le Conseil général de la Loire-Inférieure.

Je vous laisse le soin d'apprécier s'il ne conviendrait pas, avant de me saisir à nouveau de l'affaire, de réunir le Conseil général pour lui soumettre le résultat des recherches statistiques et des ingénieurs, et les nouvelles observations que les Chambres de Commerce de Nantes et de Saint-Nazaire auraient à formuler.

Vous m'enverriez le plus tôt possible, avec toutes les pièces de l'instruction, les propositions définitives du Conseil général.

Recevez, etc.

Le Ministre des Travaux publics,
Signé : DELUNS-MONTAUD.

Note G

SOCIÉTÉ ANONYME DES MINES DE FER DE L'ANJOU ET DES FORGES DE SAINT-NAZAIRE

Forges de Saint-Nazaire, le 4 mai 1888.

Monsieur le Président de la Chambre de Commerce de Saint-Nazaire.

MONSIEUR,

Nous avons l'honneur de répondre à votre lettre du 12 courant, nous demandant de vous faire connaître le chiffre du tonnage de matières diverses reçues par notre Usine, pendant l'année 1887.

L'ensemble des arrivages par mer s'élève à 69,877 tonnes, se répartissant comme suit .

Houilles	56.496 tonnes.
Minerais	12.130 —
Fontes, sables, ferrailles	1.251 —
Ensemble	69.877 tonnes.

S'il peut vous intéresser de connaître le chiffre de nos expéditions par voie de mer, il a été de 5,295 tonnes pendant la même année, dont 3,137 tonnes pour Nantes par gabares.

Veuillez agréer, Monsieur, l'assurance de notre considération distinguée.

LOUIS MARA.

MAISON CH. GODARD

Le chiffre des charbons importés à Saint-Nazaire, pendant l'année 1887, pour la maison Godard, est de 89,675 tonnes, dont 13,500 ont été réexpédiées à Nantes.

Saint-Nazaire, 25 mai 1888.

Le Directeur,
E. DAVID.

H. DUVAL ET Cⁱᵉ

Saint-Nazaire, le 21 mai 1888.

Monsieur le Président de la Chambre de Commerce,

Nous avons l'honneur de vous informer que, pendant l'année 1887, nous avons reçu 22 bateaux avec 23,343 tonnes de charbon.

Agréez, Monsieur, l'assurance de nos sentiments les plus distingués.

H. DUVAL et Cⁱᵉ.

A. MERCIER

Saint-Nazaire, le 21 mai 1888.

Monsieur le Président de la Chambre de Commerce,

Saint-Nazaire.

J'ai l'honneur de vous informer que dans l'année 1887 j'ai reçu deux navires chargés de 600 tonnes de glace en blocs.

Agréez, Monsieur, l'assurance de mes sentiments les plus distingués.

A. MERCIER.

Tonnage des charbons anglais reçus à Saint-Nazaire dans l'année 1887 et livrés aux Compagnies du Chemin de fer d'Orléans et à celle de l'Ouest : 8,899,100 kil.

Saint-Nazaire, le 13 mai 1888.

A. LE BOZEC.

COMPAGNIE DES CHARBONS ET USINES A BRIQUETTES DE L'OUEST.

Saint-Nazaire, le 14 mai 1888.

Monsieur le Président de la Chambre de Commerce,

Saint-Nazaire.

En réponse à votre demande, j'ai l'honneur de vous informer que nos importations de houille, coke et brai, pendant l'année 1887, se sont élevées à 86,000 tonnes seulement.

Agréez, Monsieur, l'assurance de ma considération distinguée.

L'Agent principal,
H. Toché.

SCIERIE MÉCANIQUE A. FOURCHON.

Saint-Nazaire, le 15 mai 1887.

Navire *Wega*	386	stères.
— *Vesta*................................	580	—
— *Eberstein* et *Albion*................	2.674	—
— *J.-Galmar*............................	1.230	—
— *Montrose*.............................	1.700	—
— *Der-Vanderer*	1.950	—
— *Blackhalls*...........................	2.279	—
— *Nordpol*..............................	2.575	—
— *Sweden*	1.110	—
— *Bertha*...............................	1.310	—

15.794 stères.

15.794 stères à 1.000 kil..................... 15.794 tonneaux.

A. Fourchon.

E. GASNIER & Fils.

Saint-Nazaire, le 20 mai 1887.

Nous avons reçu :

En 1885...................	Environ	5.000	tonnes.
En 1886...................	—	8.100	—
En 1887...................	—	5.100	—
En moyenne................	—	6.000	tonnes par an.

SCIERIE MÉCANIQUE G. & R. OLLIVAUD.

Saint-Nazaire, le 16 mai 1888.

Je déclare que nous avons importé pendant l'année 1887 environ 3,000 tonneaux de marchandises.

Ollivaud, Raoul.

A. LA TOUCHE Père & Fils.

Saint-Nazaire, le 14 mai 1888.

Ensemble du tonnage importé par la ligne de la Société Navale de l'Ouest, à Saint-Nazaire, pendant l'année 1887 :

Environ 3,500 tonneaux.

A. La Touche Père et Fils.

HENRI LORIONS

Saint-Nazaire, le 24 mai 1888.

Monsieur le Président de la Chambre de Commerce de Saint-Nazaire

Monsieur,

J'ai l'honneur de vous donner ci-dessous le tonnage reçu par moi dans l'année 1887 :

Fèves	3.505	tonnes.
Charbon	12.547	—
Ciment	75	—
Blé	13.703	—
Avoine	1.493	—
Traverses	400	—
Rails	315	—

Soit en total....... 32.038 tonnes, en blés, avoines, traverses, charbon, rails, etc., etc., le tout n'ayant aucune destination pour le commerce de Nantes.

Agréez, Monsieur le Président, l'assurance de ma parfaite considération.

A. Lorions.

COMPAGNIE GÉNÉRALE TRANSATLANTIQUE. — Agence de Saint-Nazaire

Saint-Nazaire, le 14 mai 1888.

Monsieur le Président de la Chambre de Commerce de Saint-Nazaire,

Monsieur,

Nous avons l'honneur de vous accuser réception de votre lettre du 12 courant, et de vous informer qu'il a été importé, pendant l'année 1887, par les paquebots de notre Compagnie, desservant les différentes lignes de Saint-Nazaire, 103,000 tonnes de marchandises *étrangères*.

Dans ce chiffre n'est pas compris le tonnage des marchandises *françaises* transportées de Dunkerque, le Havre et Bordeaux à Saint-Nazaire.

Veuillez agréer, Monsieur, l'assurance de mes sentiments les plus distingués.

Le Chef du Trafic,
E. Carré.

Vu :
L'Agent principal,
L'Honein

P. S. — Le tonnage des marchandises provenant des ports français et algériens (Dunkerque, le Havre, Bordeaux, etc.), non indiqués d'autre part, s'élève à environ 20,000 tonnes, soit en tout 123,000 tonnes d'importation à Saint-Nazaire.

Le Chef du Trafic,
E. Carré.

COMPAGNIE HAVRAISE PÉNINSULAIRE DE NAVIGATION A VAPEUR

Relevé du tonnage importé et exporté par les Steamers de la Cᵢᵉ Havraise Péninsulaire du 25 juin 1887 au 3 mai 1888.

DATES			NOMS DES STEAMERS		IMPORTATIONS	EXPORTATIONS
1887	Juin	25	*Ville*	*d'Alger*	435.334	15.951
»	Juillet	4	»	*Havre*	55.141	35.611
»	»	21	»	*Anvers*	44.372	17.468
»	Août	6	»	*Havre*	50.908	» »
»	»	10	»	*Valence*	559.055	92.627
»	»	24	»	*Anvers*	34.007	23.968
»	Septembre	13	»	*Havre*	78.860	19.795
»	»	25	»	*Anvers*	33.020	12.372
»	Octobre	9	»	*Messine*	110.502	» »,
»	»	12	»	*Brest*	59.788	18.003
»	»	18	»	*Valence*	» »	342.832
»	»	20	»	*Havre*	20.840	28.235
»	»	31	»	*Anvers*	51.070	2.022
»	Novembre	4	»	*Tarragone*	580.800	7.680
»	»	26	»	*Havre*	113.052	14.815
»	»	28	»	*Messine*	218.490	» »
»	Décembre	27	»	*Metz*	1.311.259	87.718
1888	Janvier	11	»	*Havre*	42.067	22.455
»	»	27	»	*Anvers*	54.590	12.000
»	Février	7	»	*Valence*	633.589	64.904
»	»	13	»	*Havre*	62.297	25.716
»	»	23	»	*Malaga*	92.136	19.336
»	»	25	Steamer	*Constantin*	30.779	2.800
»	Mars	9	*Ville*	*d'Anvers*	35.266	9.193
»	»	27	»	*Strasbourg*	364.055	48.630
»	Avril	10	Steamer	*Constantin*	81.657	139.140
»	Mai	3	*Ville*	*du Havre*	59.710	27.515
					5.192.644	1.089.786

Total général........ 6.282 Tᵈᵉˢ 450

Gustin Stoll.

SOCIÉTÉ COMMERCIALE D'AFFRÉTEMENTS ET DE COMMISSION

Saint-Nazaire, le 16 mai 1888.

Monsieur le Secrétaire de la Chambre de Commerce de Saint-Nazaire.

MONSIEUR,

En réponse à votre honorée du 14 courant, nous avons l'honneur de vous donner ci-dessous, le tonnage de nos importations à Saint-Nazaire en l'année 1887 :

Houilles......................	64,337,734	kilog.
Minerais	3,524,170	—
Plombs......................	4,112,496	—
En 57 steamers : total...........	71,704,400	kilog.

Nous croyons devoir vous informer que ce tonnage est de beaucoup inférieur au tonnage importé par nous les années précédentes, alors que les Usines de Trignac marchaient régulièrement.

Notre marché passé avec cette Usine est de 85,000 tonnes annuellement, tant en houilles qu'en minerais ; et nous avons également un marché avec Couëron pour 7,200 tonnes de plomb en saumons, et avec le Chemin de l'Ouest pour 15,000 tonnes de briquettes de charbon.

Agréez, Monsieur, nos civilités empressées.

J. PONSIN.

P. J. BRICHAUX

Saint-Nazaire-sur-Loire, le 16 mai 1888.

Ensemble du tonnage importé par ma maison à Saint-Nazaire en houilles et diverses marchandises pendant l'année 1887 : Cinquante cinq mille tonnes (55,000 tonnes), sans aucune destination pour le commerce de Nantes.

P.-J. BRICHAUX.

COMPAGNIE DES ENTREPOTS ET MAGASINS GÉNÉRAUX DE PARIS

Saint-Nazaire, le 15 mai 1888.

Monsieur BABIN,
Secrétaire de la Chambre de Commerce,

Saint-Nazaire.

MONSIEUR,

J'ai l'honneur de vous informer qu'il est entré dans nos magasins pendant l'année 1887, 21,000 tonnes de marchandises diverses.

Recevez, Monsieur, l'assurance de mes sentiments les plus distingués.

RIDEL.

ENTREPOTS DE SAINT-NAZAIRE

Saint-Nazaire, le 16 mai 1888.

Ensemble du tonnage reçu à Saint-Nazaire par les Magasins généraux de l'Entrepôt réel, pendant l'année 1887 :

SS. North-Anglia (blés)............	2,064 tonnes.
» Panama (blés).	1,515 —
Divers navires (sels)................	1,200 —
Ensemble.......	4,779 tonnes.

Sans aucune destination pour le commerce de Nantes.

Pour les Directeurs de l'Entrepôt,

A. BOUGANNE.

Note H

RÈGLEMENT SUR LA NAVIGATION

LES ALLÉGEMENTS, TRANSBORDEMENTS, CHARGEMENTS ET DÉCHARGEMENTS DANS LA PARTIE MARITIME
DE LA LOIRE

Le Conseiller d'Etat, directeur de l'Administration des Douanes ; considérant que l'état de la Loire ne permet pas toujours aux navires de se rendre directement, soit de la mer à Nantes, sans rompre charge, soit de Nantes à la mer entièrement chargés ; que la plupart des bâtiments d'un fort tonnage, destinés pour Nantes, sont obligés de demeurer ou devant Saint-Nazaire ou devant Paimbœuf pour y opérer le transbordement, dans des allèges, de tout ou partie de leur cargaison ;

Que le *port de Nantes* est cependant *le seul qui sur ce point du littoral, soit ouvert : 1° au commerce des colonies ; 2° à l'importation des marchandises imposées à 20 fr. et plus par quintal ; 3° au transit ; qui ait la faculté d'entrepôt ; qui enfin soit désigné comme pouvant se livrer à toutes les grandes opérations de Douanes ;*

Que c'est à Nantes que sont établies les maisons de commerce à la consignation desquelles arrivent la plus grande partie des marchandises introduites par mer et par la Loire, soit de l'Etranger, soit des Colonies, ou qui expédient à ces destinations des produits nationaux ; que les autres bureaux de douane placés sur la Loire sont ouverts à l'importation des marchandises payant moins de 20 fr. par quintal, ainsi qu'à l'exportation de toute espèce de marchandises, moins celles qui sont expédiées pour les colonies ; *qu'il y a dès lors, pour ces bureaux, deux natures d'opération qu'il convient de distinguer : celles qui s'y accomplissent entièrement et celles qui se rattachent à des faits dont la douane de Nantes est saisie.*

. . . .

Qu'ainsi se manifeste le besoin d'un règlement général qui puisse concilier la rationnelle exécution des lois, ainsi que les nécessités du service des Douanes avec l'intérêt du commerce et celui des capitaines qui fréquentent les ports de la Loire.

. . . .

Note I

DÉFINITION DU COMMERCE SPÉCIAL ET DU COMMERCE GÉNÉRAL

A l'importation, le *Commerce général* se compose de toutes les marchandises qui arrivent de l'étranger, de nos colonies et de la grande pêche, par terre ou par mer, tant pour la consommation que pour l'entrepôt, le transit, les exportations ou les admissions temporaires. Le *Commerce spécial* comprend les marchandises qui sont laissées à la disposition des importateurs, c'est-à-dire la totalité des marchandises exemptes de droits et, quand il s'agit de marchandises tarifées, les quantités qui ont été soumises aux droits.

A l'exportation, le *Commerce général* se compose de toutes les marchandises françaises et étrangères qui sortent de France. Le *Commerce spécial* comprend la totalité des marchandises nationales exportées et les marchandises étrangères renvoyées de l'étranger après avoir été admises en franchise ou nationalisées par le payement des droits d'entrée.

Note K

DOUANE DE SAINT-NAZAIRE

IMPORTATION DE CÉRÉALES PENDANT L'ANNÉE 1887

DATES	NOMS DES NAVIRES	PROVENANCES	CONSIGNATAIRES	QUANTITÉS
31 janvier	*Bellmore*	Reval	Lorions	1.403.895 k.
28 mars	*Abbie-s.-Vart*	San-Francisco	Lorions	2 200.000
7 avril	*Hexhand*	Philadelphie	Magasins génér. de Paris	2.085.000
13 »	*Devonia*	Buenos-Ayres	» »	1.827.834
22 »	*Flamboro*	Baltimore	» »	2.392.000
25 »	*Bernicia*	New-York	Alaberte, Lorions, M. g. de Paris	3.452.400
26 »	*Kelat*	San-Francisco	Magasins génér. de Paris	2.845.690
2 mai	*Roseville*	Philadelphie	» »	2.000.775
3 »	*Stockbridge*	San-Francisco	» »	3.182 000
7 »	*Briscoé*	Philadelphie	M. g. de Paris et Lorions	2.888.000
17 »	*Adelaïde*	San-Francisco	Magasins génér. de Paris	1.972.155
6 juin	*Obock*	Baltimore	Duval (Le Mans)	2.823.500
17 »	*Stag*	New Orléans	Lorions	2.479.550
23 »	*Northanglis*	Baltimore	Lorions	2.646.300
23 »	*Harbinger*	»	Lorions	2.219.880
4 juillet	*Effective*	New-York	Magasins génér. de Paris	2.232.774
4 »	*Princess*	Nouvelle-Orléans	M. g. de Paris, Durand, Lorions	2.524.239
15 »	*Brempton*	Philadelphie	Lorions	2.343.900
30 »	*Panama*	Bombay	Nouteau et Van Duym	2.112.117

TOTAL............ 45.332.009

Note L

EXTRAITS DU MÉMOIRE DE M. CARLIER

Il est incontestable que les digues du dix-huitième siècle (digues transversales), qnt été la cause principale, sinon unique, de l'accroissement considérable qu'ont pris les îles entre Nantes et la Haute-Indre, et aux abords d'Indret, de l'apparition des îles neuves de Couëron et Thérèse, ainsi que les effets encore plus sensibles produits dans les parages de Belle-Ile, dont le moindre n'est pas la soudure de cette île avec celles Sardine et de la Maréchale, et le développement vraiment prodigieux de l'île du Petit-Carnet. Les phénomènes qui s'accusent de plus en plus en ce moment dans ces mêmes parages *ne sont-ils pas dus au barrage de la Maréchale ? Pour nous, la chose n'est pas douteuse, et la conséquence de l'existence de cette digue sera, d'ici un avenir prochain, la réunion à la Maréchale des îles du Grand et du Petit-Carnet et la séparation tout à fait complète des rades de Painbœuf d'avec le chenal de grande navigation.*

Un canal reliant le port de Nantes à la rade de Saint-Nazaire peut être établi sur la rive droite de la Loire dans des conditions de largeur et de section *analogues à celles du canal* Saint-Louis et du *canal de Suez, avec une profondeur d'eau assurée* de 6ᵐ, qui pourrait être portée ultérieurement à 7ᵐ et même à *8ᵐ.*

. . . Dans le canal de la rive gauche, le tirant d'eau est forcément limité à 6ᵐ ; la liaison du canal avec le port de Nantes est incomplète, intermittente même dans certaines circonstances, et la tête du canal, éloignée de 2 kilomètres de l'entrée de ce port, se trouve à plus de 4 kilomètres de la ligne des ponts ; la liaison avec la rade de Saint-Nazaire ne peut se faire qu'en traversant l'embouchure.

Il est donc démontré pour nous que malgré l'économie de 4 millions pour la solution générale, de 2 millions pour la solution partielle, que présente le projet de la rive gauche, par rapport à celui de la rive droite, *ce dernier doit être préféré comme le seul qui puisse garantir l'avenir ;* nous dirons plus : *le projet de la rive gauche, fût-il seul praticable, et n'eût-il aucun parallèle à soutenir,* nous déclarerions qu'en vue des éventualités, nous dirons même des certitudes de l'avenir pour Mindin, comme de celles du présent pour Nantes, *les sommes consacrées à son exécution ne seraient pas en rapport avec le résultat pratique à en attendre.*

Il y a donc lieu, suivant nous, de solliciter l'exécution d'expériences de dragage de la partie endiguée de la Loire, dans le but d'obtenir un tirant d'eau de 6 mètres en hautes mers de vives eaux ordinaires et *d'aviser aux voies et moyens d'exécution de la section intermédiaire du canal de la rive droite entre Couëron et La Jalais.*

Note M

EXTRAIT DE « NANTES ET LA LOIRE »
DE M. LECHALAS

En 1864, la Maréchale s'est prolongée de 1,300 mètres vers l'aval. La jonction malheureuse avec l'île Carnet a supprimé le chenal existant entre ces îles, et aidé au dépôt d'un banc considérable qui rejoint Pierre-Rouge. En supprimant les courants de flot, qui prenaient en écharpe le seuil de Pipy à Carnet, on a provoqué l'extension de ce seuil (2,000 mètres de largeur au lieu de 300) ; enfin les alluvions de la rivière ont fait disparaître le chenal de Pipy à Lavau, ces îles se sont allongées et leur réunion ne tardera pas si l'on n'avise. *La détérioration est considérable dans cette partie: ces alluvions, déposées si rapidement, sont la conséquence nécessaire du barrage du Carnet* (1).

Dans les parages de Paimbœuf et de la tour des Brillantes, la rivière était entièrement libre dans le Nord en 1757, sauf le banc formé sous l'abri de la pointe de Paimbœuf. En 1824, quatre chenaux existent dans la largeur du fleuve ; le flot empêche l'extension du banc de Carnet dans l'Ouest......

La digue du Carnet est l'une des principales causes du mal. « Ce barrage, dit M. Watier » dans son rapport de 1851, est exposé à toute la violence des vagues soulevées par les tempêtes » dans le large bras qu'il intercepte » ; il n'est pas surprenant qu'un tel ouvrage ait modifié profondément le régime des parties environnantes. Lorsqu'on aura supprimé cette cause directe des atterissements d'aval, les endiguements et les dragages opéreront comme dans la Clyde ; ce fleuve offrait à la navigation, avant les travaux, un tirant d'eau très inférieur à celui de la Loire ; son étiage s'est abaissé de 2^m,13 dans le port, de 0^m,75 au bout des digues, *puis graduellement de quantité moindres, jusqu'à zéro dans la baie.* Le niveau des basses mers subira de même l'influence de la transformation générale bien au-delà des digues de la Loire, les dragages prolongés convenablement devant contribuer d'ailleurs à ce résultat, ici comme dans la rivière de Glascow......

La destruction de la digue de Carnet, l'endiguement général depuis Belle-Vue jusqu'à Belle-Ile (comprenant la nouvelle traverse de Nantes), le déblai du lit entre le barrage-limite et la fosse de Trentemoult, celui du rocher sous-marin de Haute-Indre et des îles comprises dans le navigable, suffiraient pour assurer la transformation désirée.

Note N.

EXTRAIT DES RECHERCHES HYDROGRAPHIQUES

SUR LE RÉGIME DE LA LOIRE

DE M. BOUQUET DE LA GRYE

Nantes ne peut en effet espérer se sauver à l'aide du canal que la Chambre de Commerce de cette ville a obtenu du Gouvernement. Ce canal doit partir du Pellerin pour aboutir à Paimbœuf ; mais les hauts-fonds du fleuve existent aussi bien en amont du Pellerin qu'en aval. Si le canal est exécuté, on ne passera sur le seuil de Couëron qu'à pleine mer en y trouvant toujours la cote de 50 centimètres, qui est celle du plus haut fond de la rivière.

Dans ce cas, le rôle du canal est inutile lors de la montée des navires, car on ne saurait

---

(1) « Des ensablements s'étaient produits dans le bras au Sud de l'île du Petit Carnet ; la digue fut » établie pour les faire disparaître. Le bras s'est creusé, mais le but principal, qui était d'approfondir la » rade de Paimbœuf, a été tout-à-fait manqué. » — L'amiral Jurien de la Gravière écrivait cela deux ou trois ans après l'achèvement du barrage ; de grands désordres ont été provoqués par cet ouvrage depuis cette époque, comme on le dit ci-dessus. Quant à l'approfondissement du petit bras Sud, il est sans importance pour la navigation, puisque les profondeurs ne se prolongent pas dans le bras du Migron.

entrer et sortir en se faisant sasser dans les écluses s'il ne doit en résulter qu'une double perte de temps, en outre de celui employé pour le suivre; l'on serait en effet obligé de diminuer la vitesse des navires dans le canal, tandis qu'en pleine rivière l'on peut marcher à toute vapeur.

En jusant il serait, il est vrai, plus avantageux de se faire sasser au Pellerin que de stationner six heures au mouillage de cette bourgade; on pourrait continuer sa route en aval jusqu'à Paimbœuf. Malheureusement le retard qui en résulterait ferait que, arrivé au bas du canal, on ne pourrait descendre de suite jusqu'à Saint-Nazaire. *Les fonds de 90 centimètres du passage de la Tourterelle s'y opposeraient.*

Le canal du Pellerin ne peut donc avoir d'autre résultat que de créer parallèlement au fleuve un immense bassin le long duquel les armateurs de Nantes ou de Paimbœuf pourront avoir leurs magasins. Il importerait, pour compléter cette œuvre, d'envoyer sur la rive gauche une ligne ferrée reliant ces deux villes.

Note O

EXTRAITS DE L'ÉTUDE DE M. VAUTHIER

SUR LES PORTS INTÉRIEURS DE LA FRANCE

L'ensemble des moyens indiqués par M. Lechalas assurera seul le maintien du lit à grande profondeur à l'aide de faibles dépenses d'entretien.

Si l'on persistait dans une telle entreprise, au moins faudrait-il examiner s'il ne convient pas de revenir à l'idée de M. Carlier et ramener le canal de la rive gauche à la rive droite.

De la tête amont du canal jusqu'à Nantes, on ne dispose pas aujourd'hui de 6^m de mouillage. Il est fort à craindre que, dans les conditions auxquelles on se sera acculé, on ne les obtienne pas; les partisans du canal doivent partager notre doute en ce point. Le canal deviendrait donc inutile si on ne le prolongeait jusqu'à Nantes, quel que puisse être l'excédent de dépenses à faire. Mais Nantes, en tant que ville de commerce, est tout entière sur la rive droite de la Loire. C'est donc sa rive droite qu'il faut desservir. Comment le pourrait-on avec un canal arrivant par la rive gauche?

A Nantes comme ailleurs, les influences politiques s'agitent autour de ces questions vitales. L'idée du canal tient la corde en ce moment dans l'opinion courante, *et c'est pour ne pas affronter une impopularité passagère que des hommes convaincus de la faute commise s'y laissent entraîner.* Il appartiendrait dans de telles circonstances à l'administration supérieure d'intervenir en vue de l'intérêt général. Elle ne l'a pas fait jusqu'ici: nous doutons fort qu'elle le fasse davantage après nos conseils. *Nous le regretterons vivement pour la ville de Nantes dont le glas de mort a sonné;* pour le pays qui n'a pas assez de ports maritimes intérieurs pour se résoudre, de gaieté de cœur, à en sacrifier un des plus intéressants.

Note P

EXTRAIT DE « NANTES ET LA LOIRE »
Par M. Fernand Maurice

De tous les essais tentés pour l'amélioration de la Loire, nous venons de voir que, seul, le système des digues longitudinales avait produit d'heureux résultats. C'est en effet par l'endiguement que les ingénieurs français, anglais et américains ont fait de la Seine, de l'Escaut, de la Tamise, de la Clyde, du Mississipi, etc., des voies maritimes et commerciales de première importance.

Malheureusement, c'est précisément ce système qui est condamné sur la Loire. Ayant à choisir entre l'exécution de digues continues et la construction d'un canal latéral, l'administration supérieure a eu la fâcheuse inspiration d'opter, le 5 août 1879, pour un canal maritime à établir sur la rive gauche. Les raisons par lesquelles elle s'est laissé séduire ne sont pourtant pas des meilleures......

Pour bien se convaincre de l'importance de l'endiguement et se pénétrer de la valeur du système, l'administration n'avait qu'à reprendre et à étudier un projet établi, en 1869, par M. Lechalas, alors ingénieur en chef à Nantes. La conception de M. Lechalas était, en effet, la plus juste, la mieux coordonnée, la seule susceptible d'améliorer la Loire, si bien qu'il faudra toujours y revenir si l'on veut restaurer le fleuve et lui restituer sa valeur......

Les travaux exécutés en ce moment sur la rive gauche du fleuve par les ponts-et-chaussées, présentent, au contraire, le grand défaut de conduire la Loire à une détérioration définitive.....

Il en sera du canal maritime de la Loire comme des bassins à flot de Bacalan à Bordeaux, où n'entre jamais un bateau.

Malheureusement, dès que le canal sera achevé, et qu'il sera la voie navigable *officielle* entre Nantes et Saint-Nazaire, l'administration ne s'occupera plus de la Loire entre la Martinière et Paimbœuf. Cette section du fleuve sera pour ainsi dire *déclassée*, elle sera complètement impraticable. La navigation maritime, qui n'aime pas les canaux parce qu'elle n'est pas faite pour eux, abandonnera définitivement et Nantes et la Loire, et le pays aura perdu, avec un port de commerce qui pourrait être de premier ordre, une grande voie de circulation qui pourrait être une source de richesse pour la région.

Nous ne parlons pas des 20 ou 30 millions que le canal aura coûtés .....

Mais bien certainement l'administration ferait œuvre de haute intelligence en arrêtant, tout net, les travaux du canal maritime, et en remettant à l'étude la question des améliorations de la Loire......

Note R.

Fin Juillet 1884.

Messieurs les Membres de la Chambre de Commerce de Nantes.

MESSIEURS,

Des informations que nous avons lieu de croire exactes nous apprennent que la Chambre de Commerce aurait l'intention de demander au Gouvernement, en vue de l'exécution des Travaux du Canal maritime, l'autorisation de frapper le commerce de notre place d'un impôt qui atteindrait immédiatement les navires et les marchandises entrant dans le port de Nantes.

Une semblable mesure nous a émus d'autant plus vivement que nous aurions pensé que des mesures de cette nature ne seraient pas adoptées, ni même proposées au Gouvernement sans que les intéressés eussent été appelés à présenter leurs observations.

Nous protestons énergiquement, Messieurs, contre une mesure qui frapperait soit le navire, soit la marchandise, et cela dans un moment où les commerçants et les industriels ont tant de peine à lutter contre la concurrence qui les presse de toutes parts. Dans une pareille situation, quand la lutte pour chacun d'eux est devenue si difficile, grever notre port et notre industrie de charges nouvelles, serait une mesure véritablement désastreuse.

Elle aurait de plus ce caractère de frapper, non d'une manière générale sur tout le commerce de notre place, mais seulement sur certains commerçants et de frapper quelques-uns d'entre eux dans des proportions énormes.

Nous espérons, Messieurs, qu'aucune mesure ne sera prise par la Chambre de Commerce, qu'aucune démarche ne sera faite par elle avant que le commerce n'ait été mis à même, par un registre déposé pendant plusieurs jours sur les tables de la Bourse, de faire connaître ses observations sur les mesures projetées.

Nous avons l'honneur d'être, Messieurs, avec un profond respect, vos très humbles et obéissants serviteurs :

SERPETTE, LOURMAND, LOROIS et Cⁱᵉ.
A. VIOT (actuellement membre de la Chambre de Commerce).
MORIZE, JOUVELLIER et DELAFOY (sels en gros).
LUMINAIS et AUZARY (importation cafés et sucres).
L. BUREAU et FILS (sucres).
HOUDET et FILS.
ROBERT (de la Maison Languet et Cⁱᵉ, entrepreneurs de transports).
P. ROZIER (armateur).
CORMERAIS FRÈRES (vins en gros).
RINCÉ (blés).
BILLARD (tapiocas et épiceries en gros).
L. FLORNOY et FILS.
P. GUILLON COSSÉ (négociant).
A. et H. POUPART FRÈRES (négociants).

L. BOURGETTE et MÉRY (commission-transit).
E. DUBREUILLE. —
NAU-HARDYAU.
E. DAGAULT FILS.
HOUSSET et BONET (industriels, maire de Chantenay).
LASNIER.
DEVÈS,
LOTZ, Fils de l'Aîné.
ALARD et LIANCOUR.
GABRIEL LAURIOL.
L. LESVÈQUE et SES FILS
PILON FRÈRES et Cⁱᵉ.
MATTA.
POUPART et MOITIÉ.
PELLETREAU.
TH. GUILLON (vins en gros).

Note R

Mai 1885.

Messieurs les Président et Membres de la Chambre de Commerce de Nantes.

Nous sommes informés, Messieurs, qu'un projet de loi autorisant la Chambre de Commerce à contracter un emprunt destiné aux travaux du canal dit de Nantes à la mer va être déposé prochainement sur le bureau de la Chambre des Députés.

Nous ne connaissons pas les termes du projet de loi, mais si nos renseignements sont exacts, nous croyons qu'il aura pour conséquences d'amener la Chambre de Commerce à frapper d'un droit de tonnage, soit les navires, soit les marchandises montant en Loire, droit destiné à gager l'emprunt qui serait émis.

Dès le mois de juillet 1884, un grand nombre d'armateurs, de négociants et d'importateurs de notre place, émus des démarches tentées auprès du Ministre des Travaux publics, ont eu l'honneur de vous adresser une pétition que nous croyons devoir remettre sous vos yeux.

Ils demandaient que la Chambre qui représente les intérêts du Commerce et de l'industrie de notre ville voulût bien, dans une affaire aussi grave que celle du canal, procéder à une sorte d'enquête sur les désiderata des intéressés, recueillir les observations et les transmettre au ministre compétent.

Tant qu'il s'est agi de savoir si l'Etat, seul ou avec le concours du département, ferait les frais du canal, on comprend dans une certaine mesure que la Chambre ne se soit pas inquiétée de l'opinion de ses électeurs, mais alors qu'au contraire la question s'agite d'imposer une certaine catégorie d'armateurs, de négociants et d'industriels, dans le but de couvrir les frais de l'entreprise, il est juste et opportun de mettre les intéressés à même d'exprimer leur opinion.

Au mois de juillet 1883, on présentait une dépense de 6.000.000 environ comme suffisante pour terminer cette œuvre appelée canal de Nantes à la mer ; aujourd'hui on est obligé de confesser que les 6.000.000 sont absorbés par le seul tronçon du Pellerin au Migron, que ce trajet, pris isolément, n'a aucune raison d'être par lui-même, qu'il faut le raccorder à la rive droite jusqu'à Nantes, qu'alors il est nécessaire de compléter le port de Nantes par les installations indispensables pour recevoir éventuellement les navires en vue desquels serait creusé ce canal, qu'il faut faire un bassin à flot et que cet ensemble de travaux (tous nécessaires pour que l'œuvre ait une utilité quelconque) montera à plus de 30.000.000. L'utilité de l'entreprise comporte-t-elle une pareille dépense ? — Des moyens plus économiques, par exemple des dragages ne seraient-ils pas suffisants pour améliorer pratiquement le chenal du fleuve ? — Est-il vrai, comme l'affirment des ingénieurs et hydrographes éminents, que le projet, s'il était réalisé, aurait pour effet d'envaser promptement la rade de Saint-Nazaire et d'anéantir ce port comme on l'avait prédit il y a 30 ans pour Paimbœuf ?

La diminution des affaires sur notre place tient-elle vraiment à ce que le chenal n'est pas assez profond pour permettre à certains navires de remonter à Nantes ?

Ces questions, il faut bien le reconnaître, divisent les meilleurs esprits, elles sont très controversées et leur solution chaque jour de plus en plus incertaine. Mais il y a un point sur lequel il semble que chacun doive être d'accord, c'est que, en présence de ces incertitudes de résultats, il est aussi injuste qu'imprudent de vouloir faire payer cette œuvre non seulement par le commerce nantais, mais par une certaine catégorie d'hommes d'affaires, c'est-à-dire par les armateurs, les importateurs et les industriels.

Nous renouvelons donc la protestation du mois de juillet 84, que l'Etat et le département payent les frais du canal, ainsi que cela avait été autrefois solennellement promis, aucune réclamation ne s'élèvera. Mais nous supplions la Chambre de ne pas entrer dans la voie dans laquelle elle s'engage et dans laquelle elle ne pourra plus s'arrêter :

La Chambre a constaté que les transactions, les armements, les constructions des navires et des machines, les opérations industrielles diminuaient d'année en année sur notre place : elle sait quels efforts doivent faire chaque jour les négociants pour lutter contre les difficultés de toutes sortes au milieu desquelles ils vivent. Il ne faut pas augmenter ces difficultés en frappant leurs marchandises, leurs navires, leurs matières premières, d'une taxe destinée à une œuvre dont l'utilité présente ou future n'est pas clairement démontrée ; cette taxe dans l'état présent des affaires pourrait porter un coup mortel à notre ville et y faire disparaître le mouvement d'affaires qui y existe encore.

Nous sommes avec respect, vos très humbles serviteurs.

Ont signé :

SERPETTE, LOURMAND, LOROIS et Cᵉ, armateurs, fabricants d'huiles et de savons, importateurs de graines oléagineuses.

BILLARD, fabricant de tapioca, épiceries en gros.

Vᵉ Jacques HOUDET et fils, importateurs de denrées coloniales.

E. BOURGOIN et LE GALL, armateurs, ligne régulière Nantes-Bordeaux.

Gabriel LAURIOL, armateur.

A. et H. POUPART frères, importateurs de denrées coloniales.

NAUX-HARDYAU, importateur de denrées coloniales.

LUMINAIS et AUZARY, importateurs de denrées coloniales et fabricants de sel de soude.

Th. MATTA, importateur de denrées coloniales.

MORIZE, JOUVELLIER et DELAFOY, armateurs, sels en gros.

TH. GUILLON, vins en gros.

PILON frères et Cᵉ, fabricants de noir et d'engrais.

HOUSSET et BONET, importateurs de graines oléagineuses, fabricant d'huile et de savon.

ROBERT, de la maison Languet et Cᵉ, entrepreneurs de transports par eau

LEBOT et ALBERT, importateurs de denrées coloniales.

P. GUILLOU COSSÉ, importateur de denrées coloniales.

L. BUREAU et Fils, négociants et armateurs.

L. FLORNOY et Fils, armateurs.

Paul LANGLOIS, entrepreneur de transports par eaux.

E. CORMERAIS, armateur, vins en gros.

ALLARD et LIANCOUR, armateurs, lignes de Maurice et Réunion, par voiliers.

MONTAGNE, négociant, importateur de denrées coloniales.

RINCÉ, négociant en grains.

COMPAGNIE DES CHARBONS ET USINES A BRIQUETTES DE L'OUEST.

ROUCHE, négociant, engrais.

POUPART et MOITIÉ, importateurs de denrées coloniales.

GALIBERT, armateur, ligne régulière Nantes, Brest, Dunkerque, Le Havre.

BASCLE, armateur.

Nantes, Imprimerie F. SALIÈRES, rue du Calvaire, 10

www.ingramcontent.com/pod-product-compliance
Lightning Source LLC
LaVergne TN
LVHW011352170726
843501LV00006B/1786